JN438162

가방을 들어주신다고 했잖아요

아이린 우 시집

문학공원 시선 218

가방을 들어주신다고 했잖아요

아이린 우 시집

이 길인지 저 길인지 구분해 주셔야죠
무책임하게 그냥 떠나시면
두고두고 원망할 겁니다
그러니 아직은 떠나지 마세요
아직은 아닙니다

작가의 말

아주 어린 시절의 기억 속엔 아버지 앞에 앉아서 시조를 외우던 여자아이가 있습니다. 아마도 시를 사랑하고 생각의 절반은 시속에 풍덩 빠져서 살게 된 동기가 그때부터였던 것 같습니다. 40년이 훨씬 넘은 이민 생활 속에서 하루 평균 12시간씩 일을 했어도 그리 많이 힘들지 않았던 것은 좋아하는 시를 쓸 수 있었고 시를 사랑하는 마음이 컸기 때문이었습니다.

어린아이부터 어른까지 쉽게 다가올 수 있었으면 하는 바램을 가지고 썼습니다. 참 좋은 시의 세계로 더 많은 이들을 초대하고 싶었습니다. 가슴에서 사슴으로 전하고 싶은 말들니다.

한 권의 시집이 엮어지도록 응원하고 격려해준 우재길 가수 할아버지, 애리조나문인협회 회원님들과 직접 도움을 주신 여러분께 감사합니다. 편집을 위해 소중한 시간 내주신 윤종범 회장님 따님 윤 준께 특별히 감사합니다. 좋은 출판사를 소개해주신 이범용 선생님과 도서출판 문학공원의 김순진 대표님께도 감사드립니다.

2023년 봄 애리조나에서

차례

1부 바보가 되었던 날

2부 가수 할아버지

차례

3부 풀어놓은 꿈 보따리

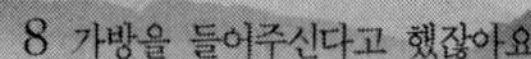

4부 분홍빛 염문

차례

5부 마음의 근육

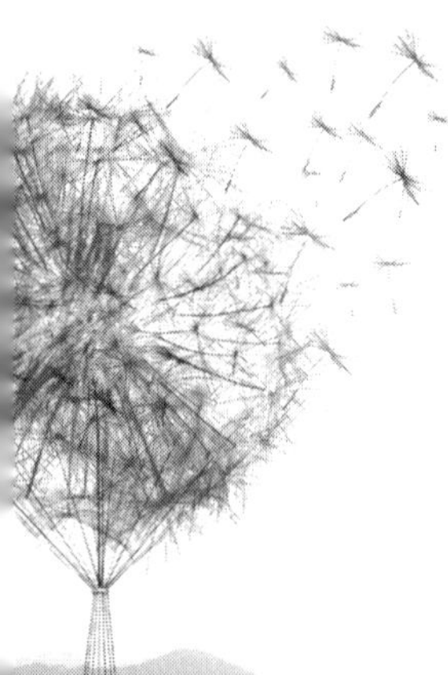

6부 악보집

- 아이린 우 작시, 우재길 작곡 악보

작품해설

1부

바보가 되었던 날

내가 만난 마이크로네시안

내일이 없어 보인다
아기들은 많이 아프고 기형아도 많고
청년들은 알사탕만한 담배를 입안에 물고 산다
확인한 바 없지만 내가 듣기로는
약 오천 명 인구가 살고 있는
그 섬에서 은밀한 실험이 있었고
그 덕에 의식주 걱정이 없다고 하는데
그래도 누구일까
누가 그들의 운명을 바꾸어 놓았을까

알록달록한 무늬의 레이스 치마를 치렁치렁 둘러 입고
살찐 몸을 무겁게 움직이는 착한 눈망울
사람이 산다는 게 다 거기서 거기일 텐데
코끝이 찡해지는
대책 없는 나의 측은지심…

* 세계인권선언(유엔총회) 제3조 : 모든 사람은 자기 생명을 지킬 권리, 자유를 누릴 권리, 그리고 자신의 안전을 지킬 권리가 있다.

하와이언

검은 흙색 피부 빛을 하고 있는 그네는
눈이 크고 선하다

날씬한 허리는 나이 들면서 굵어지고
엉덩이 살 또한 만만찮으니
아마도 오기는 없는 민족일 게다
단 한 번의 싸움도 없이
미국에 바쳐진 하와이 섬나라
그 덕에 일 안 해도 생활고는 없다는데
지구상에서 마지막 분단의 국가를 가지고도
서로 타협 안 되는 우리네

그네는 우리네와 사뭇 다른 민족인 게다

피닉스

황금빛 깃털을 한 커다란 새가
하늘을 덮자 순식간에 비가 내렸다
태양의 신 벤누의 상징
불사조는 애리조나를 수호하고 있었다

태양 부활 창조의 의미인 불사조를 이름표로 달고
날로 번창하는 도시에 우리가 살고 있었다

시커멓게 몰아치는 모래폭풍도 유유히 견디며
오백 년을 살아 낸 의지의 새는
그렇게 사막을 날다가
향기로운 가지들과 향료들로 둘레를 치고
노력의 결실로 뭉쳐진 몰약으로 알을 감싸 안은 채
스스로 태양 빛 불에 타서 죽고
그 잿속에서 새끼 불사조가 깨어난다

피닉스, 꿈을 꾸는 도시
비상하는 도시에서는 우리도 시시비비를 끝내자
서로의 아픔을 감싸 안고 가자
희망만 얘기하자
화목만 얘기하자

저 불타는 듯 강렬한 노을 속으로
오백 년 삶을 시작하는 어린 불사조가
힘차게 날아오르고 있지 않은가!

비밀통장

그거 알아?
내 가슴 속에는
네가 아무리 퍼가도 마르지 않는
비밀통장 하나 있다

그러니까
아프지 말고 슬프지 말고
행복하게 살면 좋겠다

내 가슴속 은행에
너의 발걸음이 잦았으면 좋겠다
올 때마다 통장 위에
손도장 하나씩 찍어두고 가면

혹시 알아
다음 생애에 우리 다시
얼굴 보고 살게 될는지…
꼭 그랬으면 좋겠다

Honolulu에서 너와 나

발그림자마다 깔리는 슬픔 때문에
거리로 나선다
흐르지 않고 고이는 눈물이 좋아
하늘을 본다

마주 앉지 않고
옆에 앉고 싶었던 우리
그토록 좋았던 기억들이
나를 슬프게 하고
너를 미울 수 없게 하고
노여움까지도 잠들게 한다
이렇게 살아있음 또한
속절없어서
술 한 잔 입안에 털어넣으며 웃는다

웃는다

문패 없는 나라

처음 미국에 왔을 때
의아했던 것은 문패가 없다는 것이었다

우리나라는 대문 앞에 크게 이름 석 자를 쓴
문패를 달아 놓지 않는가

우리 조상들은 가문의 자랑을 문 앞에 내걸었다
우리 집 대문에 걸려 있던
아버지 이름은 오빠 이름으로
다시 조카 이름으로 바뀌었다

문 옆에 숫자만 있는 이 나라 사람들은
아마도 내걸 자랑거리가 없었던 게다

바보가 되었던 날

읽고 싶은 책이 있어
집현전 서점에 들렀다
마악 문을 열고 들어서려는데
귀에 익은 여인의 목소리가
신나게 열변을 토하고 있었다
순간 그녀와 눈이 마주칠세라
황급히 문을 도로 닫고 나왔다

돌아오는 길에 올려다본 하늘이 깊고 파랗다
마음이 넉넉해지고 편하다
내게 꽤 많은 돈을 못 갚고 있는 그녀
나를 마주치면 민망하고 불편할까 봐
되돌아서 나온 길 발걸음이 가볍다

푸르메리아 꽃향기가
코끝을 상쾌하게 스치며 지나간다

그 바다는 초록색이었다

햇빛이 밝게 비추고
하늘엔 하얀 구름이 몇 점 떠 있고
갈매기가 날고 있는 바닷가에
나는 태어난 지 한 달도 안 된
'다니'를 안고 서 있었다
그때 그 바다는 초록색이었다
시장에 가서 애기 하나 사 오라던
'자니'는 신나서
하얀 새끼 게를 찾아
이리저리 모래사장을 뛰어다녔다

먼 기억 속 그리운 그 바다는
지금도 초록색일까

Lake Tahoe에서

캘리포니아와 네바다를
양쪽에 끼고도 의연한 욕심쟁이 호수
꽃피는 춘삼월인데도
귀가 떨어지는 듯이 추위가 매섭다
쌓인 눈이 녹아서 모였기 때문인가
맑은 물은 손도 담글 수 없이 차다
먼 산에는 아직도 흰 눈이 쌓였으니
여름에도 이 호수는 물이 차거 울게다
퓨전 스시를 입안에 넣으며
무심히 창밖을 본다
스키장을 오르내리는 케이블카의 행렬이
끝없이 이어지고
무심의 끝자락에 매달려 온 생각 하나
어쩌면 이곳에 다시 올 수 없을 것 같은 예감에
거대한 호수를 눈 안에 찬찬히
담아 넣는다

옷깃을 여미고

그대는 동방의 아침의 나라만 떠올려도
가슴 뜨거워지는 사랑 있는가

어느 날 문득
하얀 연기 피어오르는 고향 집 생각나면
눈시울에 그리움이 번지는가

멍석 위에는 빠알간 고추 가득 널려 있고
누우런 벼이삭이 황금물결을 이루는 내 고향 들녘처럼

오늘은 넉넉한 마음으로 이웃을 돌아보자
괜히 사랑하고 싶고
이해하고 싶은 마음이 일지 않는가

같은 제목 아래 동감하고 뭉치고 아파하면서
위기에는 더욱더 강해지는 백의의 민족
월드컵 붉은 함성이
"대 - 한 - 민 - 국!"을 목이 터지게 외치던 날
꾸역꾸역 넘어오는 울음을 한사코 삼켰던 감동!

우리는 하나 한 · 국 · 인

뜻을 모아 새천년을 예비하리라
겸손히 옷깃 여미고
선조님들이 다진 100년 역사 위에
새천년의 꿈을 피우리라
오늘은 화목하리라

* 2003년 4월에 하와이 이민 백 주년을 기념하면서

토팡가

가끔씩 토팡가에 간다
우거진 숲속 사이로 보이는
동화 같은 집들이 좋고
군데군데 서 있는 상점들도 재미있다
토팡가에 오면 마음이 한가해지고
기분이 상쾌하다

살고 싶은 집
걷고 싶은 길이 그곳에 있다
골짜기를 따라가다가
예쁜 상점에 들어가
괜히 빵 한 개와 음료수 한 병을 산다

돌아오는 차 속은
정화된 마음과 맑은 공기가
가득했었다

와이키키 해변

낭만이
사랑이
밀어가 출렁댄다

커다란 모자를 쓰고
비취 의자에 비스듬히 앉아 있으면
누군가 정답게 말을 걸어올 것 같은 설레임

하얗게 부서지는 파도에
하얀 머리 갈색 머리 노란 머리가
함께 출렁인다

언제부턴가 남녀를 구분하기 애매해지더니
너나 할 것 없이 배꼽에 코에 주렁주렁
보석을 달고 나타났다

불루하와이 한 잔의 낭만과
찌찌 한 잔의 연정이
한사코 발길을 잡던
와이키키 해변은 화려해졌다
뜨거워졌다

Rain is water!

비를 처음 가르쳐주던 날
한 살 반짜리 지민이는 비를 보고
“비는 물이다”라고 말했다

울음소리가 우렁찬
그 지민이가 태어나던 날은
하나님의 은혜와 축복이 온 집안에 가득 찼었다

주먹 크기만 한 머리
아주 작은 고사리 같은 손

걱정과는 달리 두 살 위 형인
지현이는 아기를 예뻐하고 어루만졌다
큰놈은 흐뭇하고 좋은지
신나게 뒷바라지를 했고
모처럼 할아버지 얼굴에는
웃음꽃이 가득했었다

* 할아버지와 지민이는 아주 친한 친구 사이다.

반찬 아줌마

누가 맛있게 먹고 있습니다
그래서 오늘도 정성껏 반찬을 만들고 있지요

아가들에게는
매울 것 같아 고추를 뺍니다

어른들에게는 해로울 것 같아
설탕 대신 올리고당을 넣어봅니다

맛있는 반찬 왔다고 얼굴이 환해지는
학생을 보면 기운이 납니다

정갈하고 맛있는 반찬 먹게 해줘서
고맙다는 어르신

아줌마 반찬이 최고 짱이라는 예쁜 언니
그래서 오늘도 천 리를 갑니다

캄톤

1974년 로스앤젤레스
팔백 불을 주고 생전 처음 구입한
회색빛 임팔라는 끊임없이 타당탕 하며
머플러에서 총소리를 냈다

올림픽 식품점에서 한국 음식을 구입하고
윌밍턴으로 가는 길에
어김없이 지나야 하는 거리 캄톤
사방은 연두색 국방색 건물이 늘어서 있었는데
빨간색 까만색 페인트로
사정없이 낙서를 당한 건물들은
자기 색깔을 잃어버린 지 오래였고
가게마다 쇠창살이 있었다
흑인들만 보이는 거리를
우리는 언제 설지도 모르는
고물차를 타고 지나다녔다

프리웨이가 있다는 것을 알게 된 건
영어를 한두 마디 익힐 무렵이었는데
아직은 신혼의 꿈에 푹 빠져서
고생이 고생인 줄 모르던 시절이었다

캄톤은 위험지역이니 그 길로 다니지 말라는
지인의 말을 한참 후에야 들었다

철없고 겁 없던
초기 이민 생활 속 그림엔
지금도 추억처럼 떠오르는
캄톤의 거리와 차만 타면
"따르릉 따르릉 비켜세나요"
가사도 틀려가며 목청을 높이던
세 살짜리 큰아이
그리고 탱크 같은 임팔라가 있다

그래도 그때 그 시절은
마냥 그립고 아름답다

금붕어의 반란

어항 속 황금색 금붕어는
내 속 얘기를 다 해도 좋은 상대다

기쁜 얘기
희망에 들뜬 얘기
슬픈 얘기
비밀스런 속 얘기까지

금붕어는
내 얘기를 중간에 가로채는 법도 없이
뻐끔뻐끔 입을 벌리며 다 받아 먹는다
내 말을 먹기만 하고
아무에게도 옮기지 않는다
산더미처럼 쌓인 스트레스까지도 뻐끔뻐끔 삼켜 버린다

요염한 꼬리를 살랑거리며
나의 사랑을 듬뿍 받던 금붕어
편안한 위안처가 되어주던 금붕어

그 금붕어가 달라졌다
수많은 얘기들을 다 받아먹던 금붕어가

배가 빵빵해지자
삼켰던 내 말을 도로 뱉어내고 있었다
뻐끔뻐끔도 끝도 없이

그 말들은 다시 내 입으로 들어와
가슴에 쌓였다

특이한 냄새를 풍기며 낙엽처럼 수북하게…

금붕어는 홀쭉해진 배를 하고
아무 일도 없었다는 듯이
말끄러미 나를 쳐다보며
뻐끔거리고 있었다

요염한 꼬리가 하늘대며 웃고 있었다

두 마리 토끼

19세기 말 세계에서 가장 먼저
신분증에 사진을 붙인 나라 프랑스는
마스크는 쓰지 못하게 했다는데
도둑이나 테러범의 정체를 가리는
떳떳하지 못한 이미지와
이슬람 히잡이나 니캅에 대한 거부감 때문은 아니었을까

서양인들에게는 마스크가 얼굴을 가리는 물건 이외에도
투구 가면 복면 등의 이미지가 강하다면
우리에겐 미세먼지 때문에도 친숙해진
보건용 마스크로 다가온다

왜 그랬을까
미국은 자신감만으로 바이러스19를 잡는 데 실패했다
너무 많은 희생에도 내가 아니면 그만인
개인주의가 서늘해진다

겸손이 미덕인 우리는
상대를 배려하는 예의로 마스크를 썼다

위기 때 뭉치는 민족성이 자율적 협력으로

사회적 거리두기의 체계적인 격리
확진과 조기 발견에 한몫을 했고
경제와 방역 두 마리 토끼를 잡은 자랑스러움 또한
이민자들 어깨에 힘이 들어가게 했다

아침 7시 30분
나도 새 일터인 마켓 food court로
두 마리 토끼 잡으러 간다

시간을 파는 상점

내년 봄에는 둘이서 손잡고
서해안을 두루 돌아서
남쪽 바다 이름 모를 섬에 들려
한 이틀쯤 허름한 여관에 묵으면서
당신 좋아하시는 서대회며 꼬막무침도 맛보고

아, 여수 오동도를 꼭 가야지
백일도 안된 큰아이 포대기에 싸안고 먹었던
게불이랑 해삼 멍게 지금 먹어도 맛있을 거야

동백이 활짝 펴서 뚝뚝 떨어진
오솔길에서 그때처럼 모자에
빨간 꽃을 가득 주워 와야겠다

낯선 거리면 어떤가
둘이서 손잡고 찻집에서 차도 한 잔 마시고
동해에서는 아침 일찍 뜨는 해 보며
힘들었어도 같이 있어 행복했던 날들을 감사해야지

잠시 풍류객 되어 시도 한 수 읊고
피아노가 있는 카페에선 '열애'를 한번 불러주세요

노은에 들러 고향 집에서 지난 얘기 나누며
잠시 쉬도록 합시다

지금도 역마차 다방이랑 명동성당 언덕길이 그대로일까요
둘이서 손잡고 꼭 한 번 다시 걸어봅시다
“딱 이만큼만 허락하소서”
누가 시간 파는 상점을 아시냐구요

* 노은 : 충주시 노은면

의식의 곡기를 끊으면

철없는 아이가 될까
기억 잃은 노인이 될까

아니면
신선이라도 되어지려나

한가로움이 무한대로 늘어나고
아주 깊은 잠을 잘 것 같다

푹 자고 난 눈에 비치는 세상은
낯설고 밝을 거다

웃음이 쉴 새 없이 배실배실 새어 나오고
머리는 새털처럼 가벼워진다

하얗게 비워진 머릿속에 꿈꾸던
아름다운 세상을 멋지게 그려 넣는다

녹색을 흠뻑 칠해줘야지
다시 올 것 같지 않아

더 간절한 색깔
그래 그 희망색 초록

아이는 희망색으로
온 세상을 바꾸었다

115 ° F

꽃낙엽을 쓸었다
꽃의 일생을 쓸어내는 것 같아
미안하고 숙연했다

하늘거리며
예쁜 자기 빛깔을 뽐내던 계절이
하염없이 가고 있었다

파르르
한 잎 또 한 잎…
어느새 나도 따라 지고 있었다

어쩌란 말이냐
오 헨리의 마지막 잎새처럼
네 꽃잎을 부여잡고
한바탕 웃어야 할까 보다

2부

가수 할아버지

가슴 먹먹해지는 이야기

뼈 빠지는 노동은 아니더라도
여인네에게 주어진 하루 농사일과
집안일이 쉽지 않았던 시절이 있었다

마루에 걸터앉은 채 떡이 된 식은 보리밥을 물에 말아
열무김치 한 가닥 얹어 먹으면 꿀맛이던 새참
허리도 펼새 없이 소쿠리 들고 서둘러 밭으로 나간다

아침 새참 점심 저녁 밤참
하루 다섯 번 음식상을 차리면서도 틈틈이
빨래하고 청소하고 농사일을 도왔다

피곤한 새댁이 아기에게 젖을 물린 채
잠깐 조는 것은 그나마 덤이다

메주를 쑤고 띄우고 장을 담그고
김장을 하고 겨울 밑반찬 거리를 마련하고
그냥 먹고 사는 일상 자체가 동동걸음이었다

힘든 하루 일을 끝내고 밤이 되면
다 같이 둘러앉아 이야기꽃을 피운다

할머니가 새댁 시절에 도랑에서 참깨를 씻는데
위로 뜨는 것은 쭉정이인 줄 알고 다 떠내려 보내고 나니
깨가 한 줌도 안 되게 남아 황당해서 울었다는 이야기가
그리도 재미있어 웃어대면 그날의 피로가 다 날아가 버리던
소박한 옛 여인네들의 삶

다시 돌아본 가슴 먹먹해지는
그 시절 우리 어머니들의 이야기

나를 웃음 짓게 하는 것들

지현이와 지민이가
거실 한구석에 앉아서 울고 있다
왜 우느냐고 물으니
지민이가
"I punch him"하고 대답한다
니가 형을 때렸는데 왜 우느냐고 하니
형이 우니까 그냥 자기도 같이 우는 거란다

프러포즈하는 폼으로
노랑꽃 따다 주던 막내아들 다니는
벌써 40이 되었는데
작년 크리스마스엔
엄마가 베이비요다를 좋아한다고
베이비요다 가방을 내게 선물해
한바탕 웃음꽃을 피웠다

커피향과 피아노 소리로
아침을 깨워준다던 약속을
잘 지켜주는 남편
격이 없는 일상이 식구들을 편하게 해준다

가끔씩 토끼 같이 나타나서
고사리 같은 손으로
하트를 날려주는 민이는
할머니 보러 가자고 엄마를 조르는
나의 가장 가까운 친구

너무 궁금하지 않을 만큼 나타나서
'의곤아 나 왔다'하면서
아직도 고운 얼굴 보여주는
고교 동창 상록이…
곳곳에서 나를 웃음 짓게 하는 것들이
고개를 내민다

행복한 삶이라는 게 결국은
스스로가 가꾸면서 소중히 해야 하는 건가 보다

모내기하는 날

"불 때던 부지깽이도 거든다"는 망종이 되면
농촌은 보리 베기와 모내기가 맞물려
눈코 뜰 새 없어진다

"어얼럴러 상사디야
서 마지기 논빼미가 반달만큼 남았네"
주고받는 모내기 소리 한마당이 한참 신명날 때쯤이면
커다란 함지박 가득 새참을 머리에 인 아낙네와
주전자를 든 아이가 논둑길에 나타나고
못줄을 잡던 동네 아이들은
제일 먼저 새참 바구니로 달려든다

새참이라야 얼갈이김치에
돼지비계가 둥둥 뜬 고추장찌개 정도였지만
막걸리 한 잔의 여유로 뿌듯했었다

그나마 보리개떡이라도 눈에 띄면
아이들의 손은 잽싸게 움직였다
그 시절 아이들의 봄철 간식이라면
참꽃 아카시아꽃 밀청대 찔레 새순 오디 산딸기 같은
자연이 주는 선물이 있었다

이웃들의 품앗이 덕으로 모심기가 끝나면
온 동네 사람들이 모여 한솥밥을 먹는다
아침 새참 점심 새참 저녁
다섯 끼를 준비한 아낙네의 고된 하루도
그제서야 끝이 난다

잣죽을 쑤며

깨끗이 씻은 현미에
염려 한 줌 넣어
슬쩍 갈아 놓고

잣 호두 호박씨에
정성 한 줌 빠뜨려서
곱게 갈아준다

갑자기 밥맛을 잃은
그대의 회복을 소원하는 마음은
최고의 조미료 소금에 섞어주고
중불 위에서 함께 저어준다

나이 세월
다 이겨 내라고
비손되어 젓는다

오래도록 젓는다

저녁이 있는 삶

가슴이 통하는
그대와 마주한 저녁은 따듯하다

세상의 시선에서 자유로운 우리는
가지고 있는 것들에 감사하면서
마음속 꽃밭에 꽃을 심는다

찐고구마에 북엇국
상큼한 겉절이와 한 잔의 소주로
호사를 부려본 밥상이 풍요롭고
나누는 대화가 멋을 더하면
오늘 하루 충분히 행복한 삶이 아닌가

나는 아직은
꿈꾸는 도시와 함께 숨쉬며 산다

약속

엄마는
지민이가 사탕 먹는 것을 절제시킨다
오도독오도독
맛있게 먹는 이가 썩기 때문이다
지민이가 안타까운 할머니는
둘째 손가락을 입술에 대고 쉿!
지민이도 따라서 쉿!
둘 사이엔 비밀이 약속되고
숨겼던 사탕을 몰래
지민이 바지주머니에 넣어준다

아뿔사!
엄마에게로 달려간 지민이가
사탕을 꺼내 보이며 자랑을 하고 만다
할머니와 지민이의 약속이
무참히 깨지는 순간이다

내 이름은 가가

아기에게
까까를 준다

아가, 까까 줄까?
까까 먹자

나를 보면 아기가
가가 가가 한다

요즈음 내 이름은
가가

아버지 아버지

나에게 아버지는 추억이다
나에게 아버지는 사랑이다
나에게 아버지는 그리움이다

그 아버지가 세상 떠나시던 날
인정할 수 없어서 울지 않았다

자존심의 근원이고
버팀목이신 아버지
항상 곁에 계시다는 착각 속에서
사십 년이나 더 되는 세월이
흐르고 나서야
세상에 안 계신 것을 알았다
아버지가…

그래서 엉엉 목놓아 울었다
사십 년이 훨씬 지난 후에야

사랑이라 이름 지었다

아무것도 할 수 없게 하더라
모든 일상들이 머리에서 지워지더라

눈 감아도
눈 안에 가득하더라

시도 때도 없이
가슴이 아리고 저리더라

그래서
사랑이라 이름 지었다

깻잎꽃이 피었습니다

아빠는 우리들이 먹기 좋게
양념깻잎을 한 장 한 장 떼어서

접시 가장자리에
빙 돌려놓습니다

순식간에 식탁 위에는
깻잎꽃이 피었습니다

식구들 가슴에도 아빠 사랑이
화안한 꽃으로 피어납니다

친구야

내 더듬이는 항상 너를 향해있다
니가 아프면 내 가슴이 시린 사람아

그 가슴 뜰 안에는 세상이 들썩이도록
실컷 울어도 좋은 편안한 너의 자리가 있다

보고있어도 그리운 친구야
가끔씩 좋아하는 마음 들키고 싶은 그런 날엔

지난 이야기며 정든이들 얘길
도란도란 나누고 싶다

들여다보지 않아도
속내를 아는 그런 사이로 살다가

그래, 너의 마지막 하늘을 물들이는
찬란한 노을이 돼야겠다

마노아 뒷산에는 오늘도
바람꽃이 핀다

작은 소망

노년이 되었을 땐
그리 크지 않은 마당이 있는
작은 집이 있었으면 좋겠다
마당 한쪽에 상추 쑥갓도 심고
그 뒷쪽으로는 방울토마토를 심어야지
장독대는 햇볕이 잘 드는 뒤곁에다 만들고

가끔씩 반가운 벗이 찾아오면
감자랑 옥수수랑 쪄서 먹을
자그마한 가마솥을 평상 옆에다 걸어 놔야겠다

따뜻한 화롯불 옆에서
이런저런 얘기로 밤이 깊어 가고
그렇게 나의 노년도 깊어 가고
그래! 어디선가
풀벌레 우는 소리가 들려오면 좋겠다

그 새벽 창가에
그리운 파파야나무 한 그루 서 있으면
더욱 좋겠다

가수 할아버지

지민이는 오리 주둥아리다
아빠 닮았다

벙긋벙긋 웃는 지민이를 안고
따르릉따르릉 비켜나세요

자전거가 나갑니다 따르르르릉
아들놈이 부르던 노래 그대로

손주에게 불러주는
가수 할아버지

막내딸

옛날옛날 산골 마을에 아버지처럼 책상다리를 하고
아버지처럼 몸을 좌우로 흔들며
눈을 꼭 감고 시조를 외우던 여자아이가 있었더란다

그 앙증맞은 모습이 귀여워서 아버지는 껄껄껄 웃으시며
우리 강아지 커서 뭐가 될꼬, 하셨는데
그 아이 자라나서 엄마가 되고
다시 할머니 되어 어린 손주 등에 입고
옛시조를 읊조린다

"한 손에 가시 쥐고 또 한 손에 막대 들고
늙는 길 가시로 막고
오는 백발 막대로 치렸더니
백발이 제 먼저 알고 지름길로 오더라"

까르르 까르르
등에 업힌 손주의 웃음소리

바람이
바람이 분다
세월이 간다

사모곡 · 1

탯줄로
젖줄로
염려의 줄로

저세상에서도
인연의 끈을 놓지 못하시는
당신

천만금보다
더 소중한 당신인 것을
옆에 계실 땐 몰랐습니다

어머니

사모곡 · 2

도화지에
그리운 얼굴
그려보고

그래도
못 견디게
생각나면

보고 싶은 마음
사라질 때까지
그렸다 지우고

또
그리고
지우고

노년의 일상 · 1

Oak Wood Country Club에서
비타민 음료수를 한 개 산다

이 골프장은 가정집이 꽉 들어찬
보통마을의 집과 집 사이
길과 길 사이를 비집고 펼쳐져 있다
잭슨이 골프 레슨을 받는 동안
우리는 오십 전으로 공을 한 바구니 빼다가
연습을 하든지 신문을 읽으며 기다린다
애리조나의 팔월은 평균 화씨 115도
그래서 새벽 6시부터 집을 나서야 한다
노년의 일상 중 하나인 셈이다

골프를 치는 어깨보다
허리가 훨씬 뚱뚱한 백인 할아버지는
펭귄같이 뒤뚱뒤뚱대며 걷는다

작은 새 한 마리가 입을 딱 벌리고
야자수 그늘 아래서 더위를 식힌다
사막의 여름날이
또 하루 무심히 지나간다

노년의 일상 · 2

오늘은 쉬는 날
손주들이 좋아하는 과일을 고르는 손이 행복하다

며칠 만에 만난 지민이는
상처 난 무릎이며 모기가 문 자리를 내보이며
그동안 있었던 일들을 얘기하느라 바쁘다

잠시 머물다 오려는데
퉁명스런 '바이' 한마디에 돌아보니
지민이가 눈을 크게 껌뻑거린다
잘 울지 않는 지민이가 울음을 참을 때의 모습…
가지 말라는 신호다
지금은 떠날 수 없다

다시 주저앉은 나는 지민이와 '스타워즈 게임' 시작!
지민이 편인 '제다이'에게는
절대로 총을 쏘면 안 된다
엉뚱한 곳으로 레이저 건을 쏘며 또 한 시간
모처럼의 즐거운 휴일

* 때 : 2017년 5월 2일, 장소 : 피닉스 애리조나, 날씨 : 맑음

그대에게

아직 그대 가슴 따뜻한가요
그윽한 눈길 던져놓고
마음 문 활짝 열어제쳤던 이여
시린 가슴으로 다시 찾아도
내가 쉴 수 있는 그늘이 거기 있는지

예전엔 몰랐습니다
공기 속에도 존재했던 따뜻한 배려들을

타인의 허물에 눈 밝고
내 잘못에 관대한 죄
제멋대로인 크고 작은 행패들을
말없이 쓸어안고 서 있던 이여

무던히 견디며 숨 가쁘게 내달리는
내 인생의 마지막 코스에서
오늘은 그대의 넉넉함이
사무치게 그리워지는 밤입니다
낙엽이 쓰러져 누운 풀잎 위에
가만히 내려와 쌓입니다

시어머니 된 며느리

요즘 며느리들은
네 집 내 집 할 것 없이
다 똑똑하고 잘났다더라

어른 말씀에
무조건 고개 숙이고
쩔쩔매던 우리 세대들이

이제는 며느리 잔소리에
눈치 보면서
산다 하더라

깊은 잠

이상했다
그 깊은 잠은 까만색이었다

평소와는 다르게 아무 의식도
소리도 빛도 없었다

퍼뜩 죽음의 순간도 이런 것이 아닐까 하는
예감이 강하게 밀려왔다

삶과 죽음이 찰라로 바뀌는 것인데
우리는 너무 아등바등 살고 있는 것은 아닐까

그냥 그런 생각이
스쳤다는 얘기다

목사님 사택을 지나며

마끼끼 지나 키아모꾸
목사님 사택을 지나면
커다랗게 비어 있는 목사님 계시던 자리
작은 체구에 목소리 크지 않고
웃음까지 조용하셨던 작은 자리가
안 계시니 갑자기 커져 보인다

말 안 해도
위안되고 힘이 되었던
언제나 내 편이신 목사님

"목사님이 많이 아프십니다"
아버지!

3부

풀어놓은 꿈 보따리

있잖아요

살다 보니 세월이 참 빠르더라구요

가까운 이웃들 정든 사람들이
하나둘 세상을 떠날 때마다
슬프고 허탈해져서
온몸의 기운이 스르르 빠져나가곤 하더라구요

그래도 있잖아요

아직은 남아 있는 소중한 날들은
우리 서로 따뜻한 정도 나누고
더 많이 사랑하며 살기로 해요

단 한 번뿐이잖아요
이 세상의 소풍이

바람을 타고 가는 세월

바람이 너무 좋다
내 고향 들녘에서 나던
흙냄새 낙엽 냄새
가을바람이 몰고 온다

그날 그 바다처럼 푸른 하늘엔
신선이 구름을 타고 날아간다

욕심 내려놓고 보는 세상
왜 이리도 아름답고
걱정 내려놓고 보는 세상
한없이 편안해서
달아나는 세월의 끝을 부여잡고
놓고 싶지 않아라

초록이 안타까운들
가는 세월이야
내, 어찌할까마는…

그렇지 아니한가

살다 보면 어느 날 문득
보고 싶어지는 사람이 있다
예쁜 눈망울 환한 미소
목소리 그리고…
너를 추억하고
그리워할 수 있어서 다행이다

살면서 그리운 이 하나 없다면
얼마나 고독한가
사랑하는 이 하나 없다면
얼마나 메마른가
속으로 울더라도 흘릴 눈물이 있는 가슴이
풍요롭지 아니한가

나의 삶도 너로 인해
아직은 너무 각박하지 않아서 참 다행이다

기쁨이 우박처럼 쏟아져 내린다

그렇게 할 수만 있다면
세상 떠난 후에
다시 바람으로 돌아오고 싶다

한사코 두고 갈 수 없었던
그리운 사람들 먼저 만나 본 후에는
세상 구석구석을 돌아다니면서
삶이 힘겨운 이들에겐 용기를 주고
행운은 덤으로 듬뿍 더 얹어주고
외롭고 고독한 이들에게 다정한 친구되어
이마를 맞대어 보리라

때로는 그네들 삶속에 섞여들어
울기도 하고 웃기도 하다가
잠시 깊은 산중에 들러서
신선과 더불어 노니는 여유도 즐겨보고

그래 나는
퍼주고 또 퍼주어도 줄 것이 넉넉히 남은
그런 바람으로 떠다녀야지
여기는 어디쯤일까

슬픔은 수직으로 내려와 머리를 관통하고
가슴에 꽂힌다

그대
왜 우십니까

울지 말아요
위로해줄 수 있고
위로받을 수 있는 슬픔은
슬픔도 아니란 말입니다

정말 많이 슬프면
울 수도 없단 말입니다

세월에 맡길 일이다

그리우면 그리워할 일이다
잠시 잊고 살다가도
문득 생각이 나서
가슴 싸아하게 아려오는
그리운 이 있다면
그냥, 그리워할 일이다

무심하려고 애를 써도
자꾸만 보고 싶어지는 이 있으면
마음껏 보고 싶어 할 일이다

그래도 슬픔이 목젖까지 차오르거든
참지 말고 실컷 울 일이다
나머지는
흐르는 세월에 맡길 일이다

그리 바삐 어디로 가시나요

백발이 성성합니다
그런데 할 일은 더 많아지고 마음은 더 바빠집니다

시간이 가지 않아 지루했던 어린 시절엔
한낮의 해는 참 길기도 했었습니다
양지바른 툇마루에서 닭의장풀 뜯어다 공책 만들고
뾰족한 나무로 꼭꼭 눌러 글씨를 쓰며 놀았지요
어미 닭을 따라 쪼르르 달려가는 병아리 떼 삐약 소리
매미 소리를 자장가로 스르르 낮잠이 들던 한가로움…
내게도 그런 시절이 있었습니다

잠시 빠르게 내딛던 발걸음을 멈추고
숨을 크게 한 번 들이쉬고
쉬었다 가야 할 것 같습니다
너무 서둘러 가지 않아도 될 것 같습니다
그래야 할 것 같습니다

잊혀져 가는 것

사라지는 것들은 그리움을 남긴다
초가집 저녁연기가 그렇고
원두막 물레방아 섶다리가 그렇다
마음까지 밝혀주던 등잔불
엄마 손길에 빛나던 장독대
교실 난로 위에 높이 쌓여있던 도시락들
아련히 그리운 풍금소리
무엇 하나 소중하지 않은 것이 없는데
하나씩 사라져 간다

지금은 가물가물해진 친구들 이름에 겹치지는
해맑은 얼굴들…
술래잡기하던 옆집 머슴애
꼴망태 위에 가끔씩 얹혀 있던 예쁜 꽃다발
혹시 나에게 주고 싶었던 건 아니었을까

속절없이 잊혀져 가는 것들에 대한 아픔이
또 하나의 역사로 쌓인다

풀어놓은 꿈 보따리

가만히 시집을 펼쳐본다
첫 아이를 낳았을 때처럼 신기하고 예쁘다

그 흔하다는 시집이 내게 이토록 소중한 건
평생 시를 사랑하고 쓰고 발표했음에도
시집으로 묶어 내는 일이
이제서야 마무리됐기 때문이다

세상 사는 이야기 사랑 얘기
추억 그리움 인연
그리고 내밀한 곳에 숨겨둔 비밀까지
가슴을 스쳐 간 수많은 느낌과 기억들을
책으로 엮어 한눈에 볼 수 있다니
긴 세월 어깨를 누르고 있던
크고 작은 근심이
단숨에 날아가 버리는 것 같다

고마운 얼굴들이
시집 위로 주마등처럼 지나간다

시월이 또 갑니다

뜨겁고 힘들었던
애리조나의 여름이 갑니다
나는 스쳐 지나는 인연들이 아쉬워
그대의 어려움 아픔 희망 속에 스며듭니다

책장을 무심히 넘기듯
그냥 잊혀지는 이들
다음 페이지의 새로운
전개가 기대되는 이들

머리말에 놓아두고
다시 펼쳐보고 싶은 이들
수많은 사람들을 스치며
시월이 또 갑니다

나는 약간은 상기된 마음으로
당신의 머리말에 놓여져
다시 읽고 싶은 책이 되는 꿈을 꿉니다

그리하여 나의 시월은
부끄러운 새댁처럼 빠알갛게 물이 듭니다

얼굴이 없다

언제부터인가 거울 속엔 엄마 얼굴이 있다
나는 없고 엄마가 있다

앳된 옛모습 위에 처덕처덕 덧칠된 세월의 흔적
멋모르고 지나온 버겁던 길 위로 무심한 바람이 지나간다

환희의 순간들
당황스런 사연들
행복 그리고 슬픔이
정신없이 달려온 시간 속에 머물러 있다

세월아 세월아 잠시만 비켜서라
한숨 고르고 가자
비바람 견뎌낸 고목 같은 모습이
낯설지 않을 때까지만…

지금 거울 속에 엄마가 있다
내 얼굴은 어디 가고 엄마 얼굴만 있다

선택

우연인지 필연인지
오래전부터 네모난 네가 내 방구석에 놓여져
휴지며 종이 나부랭이 같은
잡다한 것들을 담고 휴지통이 되었다

엷은 회색 바탕에
목탄색 사각 무늬가
꽤나 고급스런 모습이어서
가끔 눈길을 주었었는데

어느 날인가
아들이 들꽃을 한아름 들고 와
잠시 꽃병을 찾더니
엉뚱하게 너에게 담아 거실에 놓았다

색다른 감각으로 화사한 들꽃이 빛나고
꽃통으로 변한 네 모습이 멋져서
"거기가 네 자리다" 눈으로 말해주었다
나비라도 한 마리 날아들려나

눈을 감으니

르누아르 그림(City Dance) 속에서 하얀색 드레스를 곱게 입고 머리에 꽃장식을 한 내가 춤을 추고 있다 눈을 감으니 '로마의 휴일' 오드리 햅번이 되어 동전을 던지며 소원도 빌어 보고 흰색 벽에 빠알간 감색 지붕을 한 아름다운 이태리 언덕 마을의 골목길도 거닐고 카츄사가 되어 볼까 라라가 좋을까 황하강 용문 협곡의 잉어처럼 꼬리를 불사르고 용이나 되어볼까 '소미연'의 황홀한 산해진미도 한번쯤 맛을 봐야겠지

내 고향 충청도 산골에 가서는 밭일도 거들어 주고 커다란 함지박에 푹 퍼진 뜨끈한 보리밥을 쏟아붓고 열무김치 고추장 듬뿍 넣고 쓱쓱 비벼서 새참을 맛있게 먹는다 막걸리 한 대접이 빠지면 섭섭할 게야

하와이에 잠시 들러 알라모아나 팍에서 지는 해도 보고 오늘은 눈감은 세상에서 조금만 더 머물다 가자

* 르누아르 : 프랑스 대표적인 인상주의 화가
* 소미연 : 꼬리를 태우는 등용문 잔치

요즈음

참 이상한 건 나이가 들어갈수록
이해하고 포기하게 되는 것이다
아마도 긴 세월 파도에 쓸려
동글동글해지는 조약돌을 닮아 가는 게다

하고 싶은 일 갖고 싶은 것들의 숫자도
하루하루 사라져 간다
소중한 것의 의미가 바뀌어 가고
세상사 부질없음이 깨달아질 때쯤이면
시간은 빛의 속도로 내달린다

그래서일까
요즈음은 새삼스레 나를 챙긴다
새 옷 새 가방 새 신을 신고
괜히 한번 몸꼴도 내보고…

봄꽃이 무심히
흐드러진다

가슴이 운다

이침에 눈뜨면 화들짝 일어난다
커피 냄새도 없고 부르는 소리도 없다
그가 없다 내 옆에…

꿈인가?
이제 어떡하지
시도 때도 없이 고이는 눈물은 닦아지는데
속울음은 닦을 수도 없네

여기도 저기도 그의 흔적이 생생하고
말을 걸어오는 목소리가 들린다

그렇구나
그는 이미 떠났는데 나는 못 보내고 잡고 있구나
여기도 저기도 그가 있는데

어떡하지
어떻게 해야 하지

가슴이 운다
숨죽여 운다

그대 나를 부르시면

어이…
새벽에도 밤중에도
그대가 나를 부릅니다
졸음 쏟아지는 눈을 반짝 뜨고
단숨에 달려가지요
그대 안 계시면
누가 나를 이토록 애타게 불러 주겠습니까

아직 따뜻한 손으로
나를 반겨 잡아주시는 당신
고맙습니다
아무리 피곤해도 괜찮습니다

그대가 '어이…'하고 계속 불러주시면
고마워서 눈물 찔끔거리며 달려갈게요

가까이에서
아주 먼 곳에서
언제든 어디서든
'어이…'하고 불러만 주세요
제가 바로 갑니다

가방을 들어주신다고 했잖아요

당신을 보내드릴 마음의 준비가 안 됐습니다
시집이 출간되면
제 가방을 들어주신다고 했잖아요

시인은 돈이 없으니
작곡한 노래들을 발표해서 히트하면
난쟁이 버섯 집을 예쁘게 지어서
선물한다고 약속했잖아요

두 약속 다 지키고 가십시오
아직은 당신 도움이 많이 필요합니다
평생 울타리를 치셔서 밖이 서툰 저입니다

이 길인지 저 길인지 구분해 주셔야죠
무책임하게 그냥 떠나시면 두고두고 원망할 겁니다

그러니 아직은 떠나지 마세요
아직은 아닙니다

벌써 그리워서 슬프다

오랫동안 친구로
같은 길 걸으며 나눈 대화가
하늘만큼 또 땅만큼인데
아직도 못다 한 말들이 가슴에 가득하다

한곳을 보며 꾸었던 꿈들은
여기저기 열매로 맺치고
잔잔한 미소 위에 행복이 번진다
지나 보니 세상사 모두다
스치는 바람 같더라
재물도 명예도 부질없더라

다만 긴 세월을 곁에 있어 줘서
고맙고 소중한 이여
무엇과도 바꿀 수 없고
어떤 것으로도 대신 할 수 없는 그대여

그대 내 곁에 아직 있어도
벌써 그리워서 슬프다

시선

나의 눈높이가
너의 큰 모습을 못 본 것은 아닌지
나의 편견이 좋은 그네들을 외면하고
살게 한 건 아닌지
고정시킨 시선의 힘을
분산시켜 본다

보이지 않던 나의 이기와
고정관념이 민낯을 내밀고
뜨겁게 목젖을 조여온다

세월이 가도
사소하고 아련한 날들의 소중함은
일상의 버거운 무게를 견디게 했고
그리하여 오늘 난
한 줄 고운 목숨의 역사를 위하여
눈높이를 낮춘다

햇빛이 눈부시다

추억을 소환하다

모처럼 화기애애했던 얼마 전 생일에
지인이 선물해준 Remy Xo를
저녁 식탁에 곁들인다

한 모금 천천히 마시는 순간
혀끝을 통해 입안 가득히 퍼지는
익숙한 맛과 향이 추억을 소환한다

카페 명동 카운터에 선 채로
Remy 잔을 들고 웃으며 담소하는 내가 보인다
잇따라 딸려 올라오는 그리운 얼굴들
그렇구나 잊고 있었구나

애써 외면하고 눌러 밟은 세월
지나간 회한의 시간이 아프게 뒹군다
시린 눈알의 초점을 풀고 잠시 창밖을 바라본다
빛바랜 사진처럼 희미해진 기억까지도 다시 불러내서
소중하게 껴안아 보는 저녁

추억은 오래 묵은 것일수록
저마다의 가슴에서 보배롭다

그리고 훗날에

그리운 것은
그리운 대로 접어두고

아픈 것은
아픈 대로 접어두겠습니다

이런저런 사연들도
그런 대로 접어두고

그렇게
세월도 흐르게 두렵니다

그리고 훗날에
그리운 것은 그리운 대로

아픈 것은 아픈 대로
추억이라는 이름으로

다시 꺼내 걸어두고
보려 합니다

그대 그 자리에 있어야 하는 이유

아주 많이 힘들고
세상 모든 것을
다 잃는다 해도

그대를
다시는 볼 수 없음보다
행복합니다

토닥토닥

백 년도 다 못 살 거면서
천년의 근심을 안고 살았네

크고 작은 일에
가슴 졸이고

스쳐 가는 인연들이
애달파서 울었네

끝까지 놓아버릴 수 없었던
신념 때문에

넘어져도 다시 일어나
걸어온 길들 돌아서 다시 보니

추억이 사랑이
나를 끌어안는다

그래도 잘했다 애썼다
토닥토닥

4부

분홍빛 염문

봄은 연초록으로 온다

내가
힘들고
고단했던 순간에도

봄은
연초록 새싹을 틔우며
희망을 준비했었나 보다

꽃 낙엽

소리 없는 비명을 지르며
바람에 흩날리는
노오란 꽃 낙엽을 보셨나요

만개했던 시간보다
더 화려한 마지막 춤사위
그 처절한 아름다움에 취해

가던 길을 멈추고
눈길을
뗄 수 없었습니다

꿈에서라도
행여 그대
꽃 낙엽 밟지 마세요

분홍빛 염문

봄은 혈관을 타고 들다가
가슴에 머물고 눈으로 확인된다
자목련이 우아한 자태로 고고함을 뽐낼 때
노랗게 바닥에서 퍼져 핀 민들레 웃음소리

웃기지 마라
한세월 풍미한 연륜이
흐드러지게 어우러져 화사하게 핀
순결한 절세미인을 너희가 아는가

벚꽃이 바람에 꽃대를 세우고
분홍빛 염문을 뿌려댄다
은밀히 건네는 눈인사
땅 밑에서 바쁘게 이루어지는 언약들

봄은 샛노란 꽃가루를
오묘한 향기를
푸르른 희망을 선물하려
벌써부터 우리 곁에 와있었다

노랑꽃 추억

노랑꽃 한 송이 따다가
사랑하는 여인에게
프로포즈하는 폼을 잡고

작은 노랑꽃 내밀던
우리 애기
다니…!

* 다니는 지금 38살이다

눈높이를 낮추니

다정한 꽃들이 보입니다
구부리고 찬찬히 살피니
경이롭고 앙증맞은 모습들이
눈에 들어옵니다

민들레
채송화
꽃다지
이름 모를 들꽃들…

때가 되면
알아서 피는 꽃
아무도 보아주지 않아도
겸손하게 피어 있는 꽃

의무를 다하는 모습들이
이길 수 없는 대자연의 순리가
많은 교훈을 주는
아침입니다

들꽃

잡초 속에 섞여 있어도
진흙 구덩이에 빠져 있어도
얼굴만 내밀면
알아볼게요

어디에 있어도
충분히
귀엽고 예쁜
그대

코스모스

기인 그리움으로
목이 길어진 꽃

해맑아서
담담하게 슬픈 꽃

바람에 흔들리다가
조용히 지는 꽃

그래도 못 잊어서
다시 피는 꽃

양파

아버지는 늘
양파 같은 사람이 되라고 하셨다
벗겨내면
새로운 속살을 드러내는 양파

벗겨도
벗겨도
더 깨끗한 속살이 보이는
그런 양파

나는
양파의 의미보다는
건드리면 눈이 매운 양파가
그냥 좋다

바람이 지나간다

언제부터였을까
가슴에 커다란 구멍이 있었다

그 가슴으로
바람이 지나간다

추억이 지나가고
그리움이 지나간다

할 말이 많아서
차라리 입 다물어버린

벙어리 냉가슴을 헤집고
지난 세월이 시리게 간다

그리운 얼굴 하나
또 지나간다

바지랑대

늘어진 빨랫줄을
키 큰 바지랑대가 받치고 있고
흰 광목이 바람에 펄렁거렸다

어린아이가
넓은 마당에 혼자 앉아
막대기로 땅바닥에 그림을 그리고
강아지는 병아리 떼를 쫓아다니며
장난질을 치고 있었다

어디선가
아이를 부르는 소리가 들린 것 같다

까마득한 기억 저편에서
바지랑대란 명사 하나
떠올렸을 뿐인데
눈물이 날 것 같다

꽃무릇

꽃술 하늘 향해 벌리고
무엇을 기다린다

안타까운 사랑일까
슬픈 다짐일까

안으로 도사린 사연
절절한 그리움으로 토해놓은 색채

백석과 자야인가
끝내 만나지 못하는 꽃과 잎

올해도 길상사 꽃무릇은
더 붉게 피었다는데

화려한 선홍빛 절정이 안타까워
두손을 모은다.

* 길상사 : 시인 백석의 연인 김영한(자야)이 요정 대원각을 시주하여 서울 성북동 북악산 자락에 세워진 사찰
* 꽃무릇 : 9~10월 사이에 꽃이 먼저 피고 진 뒤에 잎이 나서 꽃과 잎이 서로 만나지 못하는 여러해살이풀로 상사화라고도 한다

날궂이

갑자기 하늘이 컴컴해지더니
제비들이 낮게 날고
거센 바람이 나뭇가지를 흔들어대기 시작했다
동네 어귀 길봉이네 할머니가
산발을 한 채 허공을 향해
삿대질하며 고래고래 악을 써댄다
어른들은 비설거지로 발길이 분주해지고
강아지는 봉당 구석에 웅크리고 앉아
눈만 껌벅이며 심각하다
어느샌가 개미들의 행렬도 자취를 감춘다
부엌 쪽에서 고소한 기름냄새가 풍겨온다
아마도 장떡을 부치나 보다
날궂이 음식으로 으뜸인 장떡은
얄팍하고 낭창낭창하게 부쳐야 제맛이다
아버지는 사랑방 마루에 서서
천기를 보시는 것 같다
장마철엔 따뜻한 아랫목에서 배를 쭉 깔고 엎드려서
만화책을 쌓아 놓고 읽으며
오징어 다리를 뜯어야 제맛이었다

* 날궂이 : 국어사전에도 없는 소중한 우리 겨레말로 날이 궂으려고 할 때 평상시와 다르게 나타나는 이상한 전조들을 일컫는다.

대답 없는 그대

죽음이란 건 사라지는 것이다
그의 웃음 보이지 않고
그의 목소리 들리지 않고
그의 손기 느낄 수 없는 것이다
그가 있던 곳에 그가 없는 것이다

아무리 둘러보아도
이 세상 그 어디에도 그가 없고
보고 싶어도 보이지 않고
내 곁에서 사라지는 것이다

세상은 변하지 않고
모든 사물이 다 그대로인데
그대만 있던 자리에 다시는 존재하지 않고
사라지는 것이다

아무리 애타게 불러도
대답이 없는 것이다

눈 소식

오늘 아침 고국 소식에
산간 지방엔 40센티의 눈이 쌓였다고 한다
그립다
쌓인 눈도 그립고
축복처럼 쏟아지는 함박눈도 그립다
몇십 년이던가
눈을 맞아 보지 못한 세월이…

세상의 모든 죄를
다 덮어 버릴 듯한
순백의 눈부신 고요함
그 백색의 향연 속에는
까치 소리와 삽살개 소리가 있었다

꼭 한번 고향길에서
쏟아지는 눈을 맞으며 걸어보고 싶다
걷다가 힘들면
근심이나 걱정 같은 건
아무 일도 아닌 것처럼
눈 속에 툭 던져놓고 돌아서자
그리움도 놓고 떠나자

어둠을 깨운다

꽃잎을 피우기 위해
땅속 깊은 곳에서
빨강 노랑 보라색 물감을
펴 올리는 소리

봄을 터트리는
새싹들의 두런거림에
밤새 잠을 설친다
봄이다

풍요

너무 애쓰지 말자
아직 나누어줄 마음과 사랑이
넉넉한 삶은 풍요롭다

넘쳐도 더 움켜쥐고 싶고
서로 나눌 줄 모르는 사람은
춥고 가난하다

빈과 부는
더 많이 소유한 것으로
구분되지 않는다

주고 또 주어도
줄 사랑이 넘치는 당신은
이 세상 최고의 갑부다

단절

달이 이토록 밝은 밤엔
하염없이 흩날리는 꽃비를 맞으며 걷고 싶다고
네가 마음 들뜬 봄밤을 얘기한다

두렵다
그 설레임이 낯설게 느껴지는
스스로 문 닫아버린
너무 길어진 의식의 단절이…

친구를 자르고
추억을 자르고
그리움을 자르고
세월을 자르고 모두 다 잘라내고

흠칫 눈알만 남아 말똥거리는 내 모습을 보았다
이 모습은 내가 아닐 것이다
암울하고 불안한 이곳은 어디인가
어둠 속에서 잡았던 따뜻한 손은 누구였을까
닫힌 문을 간절하게 노크해준 이여

꽃비가 내린다

추억 단상 · 1

그립다
고향 집 뒤곁 울타리에
이른 봄이면 피어나던 황매화꽃
진달래가 뒤덮인 마을 뒷산에
고개 숙이고 섞여 있던 할미꽃

보고 싶다
찔레 꺾어 먹던 개울가에서
버들강아지 꺾어 피리 불던 동무들
벽장 속에 숨겨놓은 조청 단지를
몰래 꺼내서 같이 먹었던
메뚜기 잡는 법을 잘 알던
예쁜 가시내

다들 어디에 살고 있을까
꼭 한번 보고 싶다

추억 단상 · 2

아직도 그대로일까
그 자리에는 지금도
하얀 꽃잎이 흩날리고 있을까

돌담길을 돌아 덕수궁에 들어서면
한옆에 놓여 있던 작은 벤치
긴 생머리를 쓸어 올리며 보았던 파란 하늘
그날 꾸었던 예쁜 꿈들이
그곳에 다시 서면 그대로일까

주섬주섬 싸놓은 채로
아직도 꺼내 보지 못한 꿈들이
백발이 된 지금 펼쳐 놓아도
예전처럼 그렇게
마냥 싱그럽고 푸르를 수 있을까

5부

마음의 근육

사랑 배앓이

충무로에서 우연히 만난 고향 선배 언니는
타향에서 얼마나 고생스럽냐며
한사코 거절하는 나에게
짜장면을 한 그릇 사줬다

사실은
몇 분 전에 진고개에서
불백에 굴비 한 마리 먹었는데도
아무 말도 못 하고
고마운 짜장면 한 그릇

또 다 먹고
하루 종일 고생했었던
선배 사랑
배앓이 추억

사랑 · 1

나는 니가
한 그루 나무였으면 좋겠다

뜰 안에 심어 놓으면
시절 따라 무성해지는

그냥 한 그루
나무였으면 좋겠다

사랑 · 2

너로 인해 내 가슴이
이렇게 아프다면

아마도 우린
전생에서

한 쌍의
원앙이었나 보다

사랑 · 3

앉을 수도
설 수도
숨조차 쉴 수 없게

사랑은
그렇게
무례하게 와서

가슴에다
아물지 않는 생채기를 내놓고
가더라

참 좋다

아침이
참 좋다

하늘을 날으는 새들이 있어
참 좋다

사막에 어울어진 꽃들이
참 좋다

볼살 부벼대는 손주때문에
참 좋다

눈인사 주고받는 이웃이 정겨워서
참 좋다

코끝 시린 겨울까지 있으니
정말 참 좋다

아세요

누구에게는 자랑스러운
명예가
재산이
외모가
내게는 아무 흥미도 없다는 거

그냥 제자리에서
주어진 일 열심히 하고 있으면
세상 눈높이의 평균은
아무 상관이 없다는 거

부러워할 것도
부끄러워할 것도 없으니
지금 보이는 눈높이에서
편안한 마음으로
내 옆에 가까이 있는 이를 사랑하면
아주아주 많이
행복해질 수 있다는 거

굿모닝

삶이 한 짐일 땐 하늘을 본다
크게 숨을 들이마시며
새 힘을 모은다

차곡히 쌓인 걱정들을
툭툭 털어버리고
아랫배에 힘을 준다

힘찬 한 걸음을 내딛으며
밝은 목소리로
'굿모닝!'을 외친다

마음의 근육

처절하도록 아름다웠던 삶의 이유가
잘 익은 포도주 같아서
마지막 식탁을 위로해주는
보람으로 남았으면 좋겠다

아는가
육체의 근육이 혹사당해 일으키는 반란보다
마음의 근육이 일으키는 반란이
더 아프다는 것을

쉽고 찬란해도 갈 수 없었던 길이 있다
지치고 힘들어도
마음의 근육을 지켜내며
가야 했던 길이 있다

그대는 아는가
틈틈이 쉬어 가는 길가에 펼쳐지는
새들의 지저귐과 찬란한 꽃들의 잔치를
그 흐뭇한 평화로움을

왜일까

나는

유명인보다
연예인보다
정치인이나 재벌보다

왠지 소박하게 사는 사람들이 좋다

한세상 살면서
이름을 세상에 크게 떨치고
존경받는 삶도 훌륭하지만

주어진 운명을
담담히 개척하며 사는 이의 삶은
더 향기롭고 따뜻해 보인다

그 사람이 좋은 이유

그에게선
가을 냄새가 난다
낙엽
하늘

그는 바람 속에
냄새를 싣고 온다

낙엽 냄새
그리고
희망 같은 하늘 냄새

나는
바람 같은 그가 좋다

누가

누가 이토록 빠른 세월의 활시위를
당겼을까

누가 다시 되돌리고 싶은 지난날들을
추억이라 이름 지었을까

우리를 한평생 묶어놓은
인연이란 뜻글은 또 누가 만든 것일까

아직 조금은 남은 삶을 설계하는
나의 마음일랑

누가
희망이라 불러다오

세월도 비껴간 소중한 보물 하나

난생처음
빨간 립스틱을 샀다
마음이 들뜨고 설레인다
봄인가 보다

봄바람을 감지한 더듬이가 떨린다
아직도 봄바람에
마음 설레어도 되는 걸까

조심스럽게
내 안을 들여다본다
세월도 비껴간 소중한 보물 하나
서럽도록 젊은 마음이
아직도 거기에 들어있었다

그래 오늘은
태산을 이고 와야겠다

원앙이소서

서로 사랑하게 하소서
아끼고 귀히 여기며
양보하게 하소서

집으로 향하는 발길 설레이게 하시고
그를 위해 마련하는 밥상이
즐겁게 하소서

풍요로움이 흐드러져서
이웃까지 돌아보게 하시고
축복받은 원앙되게 하소서

원앙이소서

미안합니다

그대 힘겨울 때
헤아리지 못해서
미안합니다

그 쓸쓸함에 대해
두려움에 대해
아픔에 대해
위로되지 못하고
감싸 안아주지 못하고
더 많이 사랑해주지 못해
미안합니다

하염없는 그대의 눈물이
미안합니다

미안합니다

모래폭풍

시속 112km로 모래바람이 내달린다
하늘도 까맣고 눈앞도 까맣고 온통 다 까맣다
아마도 세상의 종말이 이런 모습일 게다
차도 서고 비행기도 서고 사람도 서고

팔십 년 만에 제일 크게 불어온 하부브*
하부브가 나에게 많은 생각을 하게 한다

난감했던 시련들 아픔들
움직일 수조차 없던 절망감
그래 그렇구나!
천재지변 앞에서 희로애락이란
참 하찮은 것이구나!
깨달음을 던져주며
모래들이 머리 위에 어깨 위에 쌓인다

* 모래폭풍

바보 되어 웃고 싶다

무엇을 찾으려고 그토록
힘겹게 세월을 뒤지고 있었을까

그리움은 가슴에 묻고
거기 서서 웃고 있는 그대여

그대 옷자락을 부여잡고
나도 바보 되어 웃고 싶다

오늘은
비라도 후두둑 내려줬으면…

아름다운 것들

열심히 사는 사람들의 모습은
아름답다

이웃의 불행에 가슴 아파하는
사람의 다정이 아름답다

미운 사람 용서할 줄 아는 이가
아름답다

이웃의 어려움을 같이 나누는
따듯한 마음이 아름답다.

정든 사람 못 잊어 온밤을 지새우는
여인네 정은 사무치게 더 아름답다

만약에

내 맘에 안 드는
내 안에 나

나도 모르는 새 쌓인
해묵은 마음속 먼지와 얼룩들을

만약에 빨래처럼 빨아서
깨끗해질 수 있는 거라면

방망이로 팡팡 두드려
흐르는 계곡물에 말끔히 헹궈서

햇볕에 바짝 말려 보송보송하고
깨끗한 새것으로 바꿔 주고 싶다

문신처럼 가슴에 새긴 말

"사랑"이라는 그 말이

나를 떠메고

쉽지 않을

먼 길을 내달려

단숨에

여기까지

데려다 놓더라

그대와 나

세월의 한 모퉁이에서 우연히 마주쳤을 때
서로 알아보지 못하고 지나칠 만큼은 변해 있지 말아요
만만찮은 세상살이가 많이 힘겨웠겠지요.

그래요
잠들 수 없었던 많은 밤들은 가슴앓이가 되었겠지요

그래도 다시 볼 수 있는 행운을 놓쳐버리고
남남처럼 스쳐 지난 후 그대였음을 알게 되었을 때
안타까움에 숨 막히지 않도록 그대를 느낌으로 알아보고
찬란했던 옛 시간 속에 잠시라도 머물 수 있도록…

우리 서로 너무 많이는 많이는 변해 있지 맙시다
벌써 가을인가요
낙엽이 지네요

사랑 바이러스

사랑도 번지면 좋겠다
유행성 감기처럼
빠르고 신속하게
내가 너를
네가 그를
그가 저들을

그리하여 서로의 눈길이 마주칠 때마다
사랑 바이러스가 꽃가루처럼 날리고
세상은 온통 사랑하는 마음들로만 가득해지고
시기나 질투 미움의 총칼로는
번지는 사랑을 막을 수가 없어서
여기도 저기도
서로를 배려하는 사랑이
소복소복 쌓여있는 세상…

상상만 해도
기쁨이 팝콘처럼 마구 터진다

6부 악보집

아이린 우 작시

우재길 작곡 악보

후회
유재길 작사 작곡
웃어주는 미소 가 너무 아름 다웠 어
너를 찾아 추억 길 따 라 혼자서 걷고 있구 나
왜 보냈 을까 왜 그랬 을 까
제멋대로 행패하듯 보내 놓고 쓰러 져누운 풀잎위 에
주저 앉아 서 울고 있구나 내 가 아직
도 꺼내지 못한 꿈돌이 내 게 남아 있는 데 (아직)
도 꺼내지 못한 꿈돌이 내 게 남아 있는 데

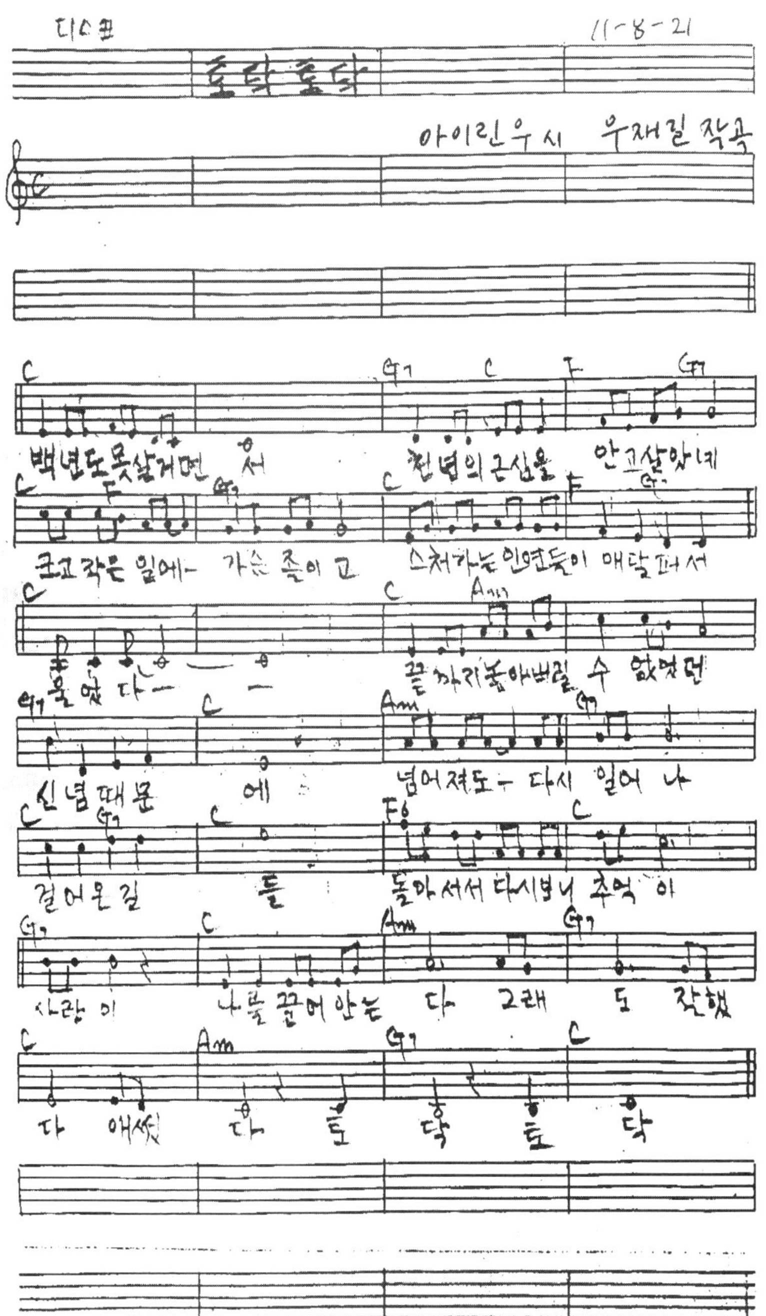
11-8-21
토닥토닥
아이린우 시 우재길 작곡
백년도 못살거면서
천년의 근심을 안고 살았네
크고 작은 일에 가슴 졸이고
스쳐가는 인연들이 매달려서
울었다
끝까지 놓아버릴 수 없었던
신념때문에
넘어져도 다시 일어나
걸어온 길들
돌아서서 다시보니 추억이
사랑이
나를 끌어안는다 그래도 잘했
다 애썼다 토닥토닥

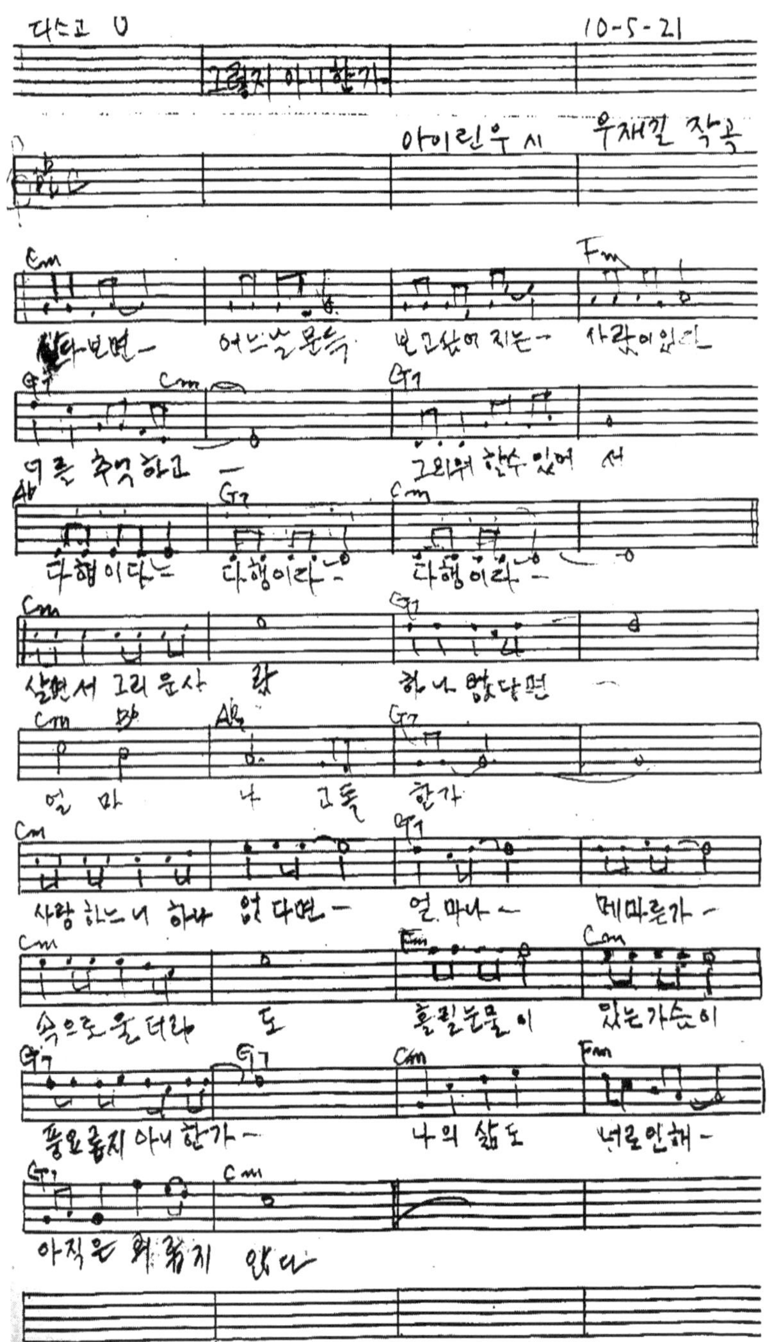

10-5-21
그렇지 아니한가
아이린우 시
우재길 작곡
Cm
Fm
G7
Ab
Db

사랑이라 이름지었다
아이린우 시 우재길 곡
아무것도 할수없게 하더라
눈감아도 눈안에 가득하더라
시도때도없이 가슴이 아리고 가슴이 저리고
그래서 나는 이걸 사랑이라고 이름지었다
아무것도 할수없게 하더라
세월이 가도 또렷해지는 그모습이 보인다
시도때도없이 가슴이 아리고 가슴이 저리고
그래서 나는 이걸 사랑이라고 이름지었다

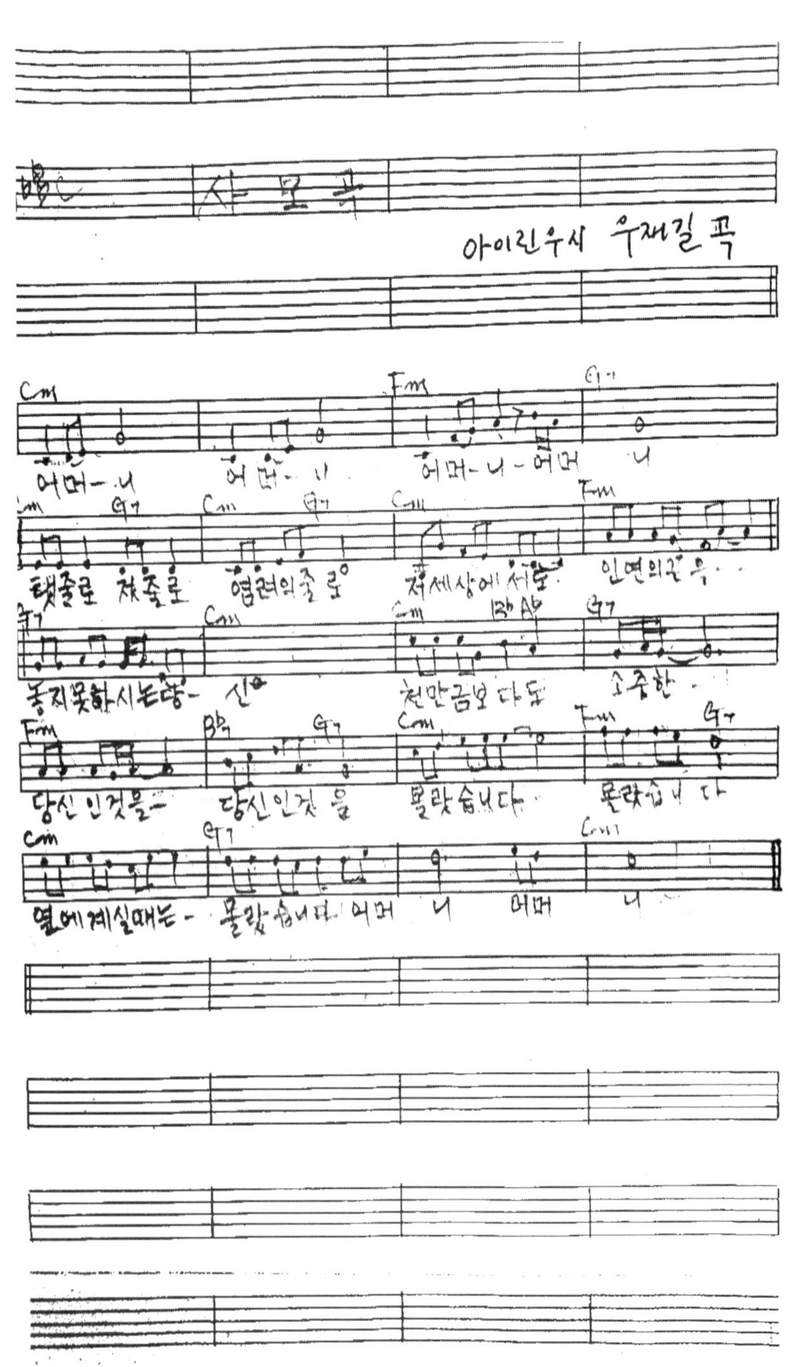
사모곡
아이린우시 우재길곡
Cm
Fm
G7
어머니 어머니 어머니 어머니
탯줄로 채줄로 염려의 줄로
저세상에서도 인연의 줄을
놓지 못하시는 당신
천만금보다도 소중한
당신인것을 당신인것을
몰랐습니다 몰랐습니다
옆에 계실때는 몰랐습니다 어머니 어머니

그리고 훗날에
아이린우시 우재길작곡
Fine

비밀통장
아이린 우시 우재길 작곡
그것 아니 — 그것 알아 — 내 가슴 속에는 니가 아무리 퍼가도 마르지 않는 비밀통장이 하나 있다 —
그러니까 아프지 말고 슬프지 말고 행복하게 살면 좋겠다
내 가슴 속 은행에 너의 발걸음이 잦으면 좋겠다 —
올 때마다 통장 위에 손도장 하나씩 찍어두고 가면 혹시 알아 가는 생애에 우리 다시 얼굴 보고 살게 될지
꼭 그랬으면 좋겠다 그랬으면 좋겠다

작품해설

시간을 파는 상점 주인으로서의 시학

김 순 진(문학평론가 · 고려대 평생교육원 교수)

작품해설

시간을 파는 상점 주인으로서의 시학

김 순 진

우리 ≪스토리문학≫ 출신 시인으로 평소 존경해오던 이범용 시인께서 지난겨울에 사무실을 찾아오셨다. 나는 그저 오랜만에 한국에 오셨으니, 출신 잡지사 사장인 나도 만나고 책도 몇 권 얻어가고 하실 마음인 줄 알았다. 그런데 그는 수제로 제작된 시집 한 권을 내 앞에 내밀었다. '아이린 우'라는 분의 시집으로 한 권만 만든 시제품 시집이었다. 제목은『가수 할아버지』로 돼 있었고, 직접 그린 그림들이 군데군데에 들어있어서 이채로웠다. "아, 이 시집을 리모델링해서 다량으로 만들어달라고 하시는구나!" 나는 바로 이범용 시인의 의중을 간파했다. 그리고 몇 개월이 지나 이제 시집의 완성했다. 그 '가수 할아버지'는 지금 이 세상에 계시지 않다. 그러나 이 시집 속에서 그 가수 할아버지는 영원토록 살아계실 것이다. 나는 제목을 바꾸었다. 가수 할아버지는 손자의 측면에서 본 제목이다. 아내인 아이린 우 시인의 측면서 바라본 시는「가방을 들어주신다고 했잖아요」다. 남편인 우재길 가수 겸 작곡가는 아이린 우의 시집이 출간되면 시집이 가득 든 가방을 어깨에 메고 아이린 우 시인을 앞세워 이집 저집 돌아준다고 하시곤 그

약속을 지키지 못하게 되었다. 얼마나 가슴이 쓰릴까? 얼마나 가슴이 아릴까? 그래서 아이린 우 시인은 그 말을 시로 썼고, 지금 아이린 우 시인을 받치고 지탱해주는 감정은 작년에 세상을 떠난 우재길 가수님에 대한 그리움이다. 그래서 나는 이 시집의 제목을 『가방을 들어주신다고 했잖아요』로 명명하였다.

아이린 우는 단순히 요리만 잘하는 분, 식당 사장이기만 한 분이 아니라, 요리도 잘하면서 시인이신 분, 식당 사장이면서 시인이신 분, 아내면서 시인이신 분, 어머니면서 시인이신 분, 할머니면서 시인이신 분이다. 지금까지 그녀는 많은 사람들의 입을 즐겁게 했지만, 이제 그녀는 이 시집을 읽는 독자들에게 마음의 근육을 키우고, 시간을 팔아 고향으로, 추억으로, 어머니 품, 친구의 품으로 모시고 갈 것이다.

아이린 우 시인은 충북 충주시 노은면 출신으로 1974년 4월 처음으로 미국 LA로 이민하였다가, 1978년에 하와이로 거처를 옮기게 된다. 그리고 그때 하와이이민 100주년을 기념하여 출시를 쓰기도 하며, 다시 2009년에 미국 서부 애리조나주로 주거지를 옮겨 자리를 잡고 현재 애리조나문인협회 회장직을 맡아 수행 중이다.

아이린 우 시인의 이 시집 『가방을 들어주신다고 했잖아요』에는 휴머니티가 들어있다. 한국인의 긍지가 들어있다. 오랫동안 외국에서 살면서 고국이 잘 되길 바라고 발전하길 바라는 마음들이 곳곳에 녹아 있다. 어머니의 사랑이 들어있다. 어머니를 그리워하는 마음을 풀어내 자신도 자식들에게 모범을 보이고자 하는 노력이 곳곳에 묻어나 있다. 단순히 자연을 노래하고 고향을 그리워하는 차원이 아니라 한국인으로서 어머니로서 자존심을 유지하면서, 흐트러지지 않으려는 내면적 추스름이 이 시집 곳곳에 아우라로 배어 나온다.

그럼 이쯤에서 아이린 우 시인이 어떤 시를 어떻게 써내면서 우리에게 시간을 파는 상점을 운영하고 있을까를 들여다보기로 하자.

처절하도록 아름다웠던 삶의 이유가
잘 익은 포도주 같아서
마지막 식탁을 위로해주는
보람으로 남았으면 좋겠다

아는가
육체의 근육이 혹사당해 일으키는 반란보다
마음의 근육이 일으키는 반란이
더 아프다는 것을

쉽고 찬란해도 갈 수 없었던 길이 있다
지치고 힘들어도
마음의 근육을 지켜내며
가야 했던 길이 있다

그대는 아는가
틈틈이 쉬어 가는 길가에 펼쳐지는
새들의 지저귐과 찬란한 꽃들의 잔치를

그 흐뭇한 평화로움을

-「마음의 근육」 전문

사람들은 시인을 일컬어 흔히 언어의 마술사라고 한다. 마음에도 근육이 있다는 걸 알아보기 때문이다. 마음에만 근육이 있는 것이 아니다. 시인의 눈에는 세상 모든 것들에게 근육이 있다. 물의 근육, 그림자의 근육, 햇살의 근육, 초록의 근육, 기다림의 근육, 말랑한 근육, 흐물흐물한 근육, 글의 근육, 색채의 근육, 나무의 근육, 뿌리의 근육, 바람의 근육, 추억의 근육, 고향의 근육, 그리움의 근육, 사랑의 근육 등 시인에겐 모든 것에 근육이 있고, 이루 셀 수 없는 근육이 존재한다. 그렇다면 마음의 근육이란 어떤 근육일까? '힘은 쓸수록 세지고 마음은 쓸수록 고와진다'고 한다. 헬스장에서 쉬지 않고 근육을 키우는 사람들을 보면, 그래서 미스터코리아나 미스터월드 챔피언십에 도전하는 사람들의 근육을 보면 인간이 어찌 저런 동물적 근육을 키울 수 있었을까 감탄이 절로 난다. 그런데 사람이 힘만 세다고 부러운 사람이라 보기엔 어쩐지 모순돼 보인다. 마음이 고와야 한다. 나는 일찍이 부자의 척도를 마음에 두었다. 아무리 부자라 해도 마음에서부터 모자란다고 생각하면 그 사람은 부자가 아니다. 수천억의 재산을 가진 재벌들이 조금만 사업이 부진하면 느끼는 상대적 빈곤감은 실로 대단하다고 한다. 그러나 거의 아무것도 소유하지 않은 스리랑카 사람들은 세계에서 행복도 1위에 속한다고 하니

이를 뒷받침해주는 말이다. 아이린 우 시인의 말씀처럼 "육체의 근육이 혹사당해 일으키는 반란보다 / 마음의 근육이 일으키는 반란이 / 더 아프다는 것을" 사람들은 때때로 간과한다. 마음이 부자인 사람들의 얼굴에는 늘 웃음꽃이 피어난다. 눈이 어린아이처럼 맑다. 바람 한 점 시원하게 불어도, 한 끼니를 국수나 찬밥을 물에 말아 먹었어도 행복해한다. 마음의 근육이 단단히 훈련됐기 때문이다. 나는 아이린 우 시인이 그런 마음의 근육이 단단히 훈련된 사람이라고 생각한다.

처음 미국에 왔을 때
의아했던 것은 문패가 없다는 것이었다

우리나라는
대문 앞에 크게 이름 석 자를 쓴
문패를 달아 놓지 않는가

우리 조상들은 가문의 자랑을 문 앞에 내걸었다
우리 집 대문에 걸려 있던
아버지 이름은 오빠 이름으로
다시 조카 이름으로 바뀌었다

문 옆에 숫자만 있는 이 나라 사람들은
아마도 내걸 자랑거리가 없었던 게다

-「문패 없는 나라」 전문

어릴 적 시골집에는 늘 아버지의 이름이 문패로 달려 있었다. 그리고 집집마다 돌이나 나무에 그 지의 호주 이름을 새긴 문패를 달고 있었고, 조금 개화된 사람들은 부부의 문패를 달고 있거나, 식구 모두의 이름을 문패에 새겨 걸어놓기도 했다. 편지가 먼 거리에 사는 친척이나 사업에 있어 소통의 유일한 수단이던 시절 문패는 그야말로 우체부들에게 매우 중요한 알권리였다. 연애의 소통방식도 지금처럼 이메일이나 카톡, 페이스북, 문자 등을 주고받는 것이 아니라 편지를 통해 이루어지곤 했다. 그런데 지금은 컴퓨터와 마주 앉아서 채팅이나 화상채팅을 하기도 한다. 아무리 먼 곳, 미국에 사는 사람과도 실시간으로 채팅을 할 수 있다니 정말 좋은 세상이다. 그렇지만 휴대폰과 인터넷의 발달로 문패의 필요가 상실된 것은 아닐까 하는 생각이 든다. 아이린 우 시인의 말씀처럼 문패는 그 집안의 명예를 책임지는 척도였던 것 같다. 대문 앞에 문패를 걸어 놓고 그 문패에 쓰인 이름에 누가 되지 않는 사람, 누가 되지 않는 가문이 된다는 것은 가난하거나 부유함의 문제가 아니라 도덕성에 관한 문제였던 것 같다. 그런데 아이린 우 시인이 처음 미국에 이민해 집집마다 살펴보니 문패가 없었다. 아마도 시인이 아니고는 이런 현상을 관찰해 내지 못했을 것이다. 지금껏 「문패 없는 나라」 라는 시의 제목을 쓴 사람은 아이린 우 시인이 유일하다. 아이린 우 시인의 말씀처럼 우리나라는 집을 대물림하며 "아버지 이름은 오빠 이름으로 / 다시 조카 이름으로 바뀌"면서 문패를 걸고 살아왔다. 그런데 미국의 집에는 "문 옆에 숫자만 있"다. "문 옆에 숫자만 있는 이 나라 사람들은 / 아마도 내걸 자랑거리가 없었던 게다"라고 추측한다. 꼭 그 가문이 대단해야 문패를 거는 것은 아니다. 가난한 집이나 부자의 집이나 모두 문패를 내겖으로써 그 집은 또 다른 가능성을 내 거는 것이다. 희망을 내 거는 것이다. 성장을 내 거는 것이다. 성공을 향한 발걸음을 내 거는 것이다. 양심을 내 거는 것이다. 사회의 일원으로서 책임을 내 거는 것이다.

읽고 싶은 책이 있어
집현전 서점에 들렀다
마악 문을 열고 들어서려는데
귀에 익은 여인의 목소리가
신나게 열변을 토하고 있었다
순간 그녀와 눈이 마주칠세라
황급히 문을 도로 닫고 나왔다

돌아오는 길에 올려다본 하늘이 깊고 파랗다
마음이 넉넉해지고 편하다
내게 꽤 많은 돈을 못 갚고 있는 그녀
나를 마주치면 민망하고 불편할까 봐
되돌아서 나온 길 발걸음이 가볍다

푸르메리아 꽃향기가
코끝을 상쾌하게 스치며 지나간다

-「바보가 되었던 날」 전문

이 시는 아이린 우 시인이 평소 인생을 살아오면서 얼마나 배려가 많은 사람인지를 가늠해주는 시다. 어느 날 문득 집현전이란 한국서점에 들렀는데, 그 서점 안에는 평소에 아이린 우 시인에게 많은 돈을 꾸고 갚지 못하는 한국사람이 보였다. 보통 사람들 같으면 쫓아가서 머리끄덩이를 휘어잡고 '이년아 저년아'하며 '왜 내 돈 안 갚아, 언제 갚을 거야'라고 윽박질렀을 것 같다. 그런데 아이린 우 시인은 그녀를 보자마자 얼마나 힘들면 돈을 못 갚고 저리 살아갈까 배려하면서 몰래 그 서점을 되돌아 나왔다고 한다. 실로 눈물이 핑 도는 장면이다. 어찌 저리 아름다운 마음을 가질 수 있을까? 성인군자가 따로 없다. 나는 군복무를 마치고 막 제대할 무렵에 후임병에게 약간의 돈을 꾸어 갚지 못하고 제대했다. 그리고 제대하면 갚아준다고 했는데, 그만 그 후임병이 제대를 하는 바람에 사느라고 갚지 못하고 지금껏 살아왔다. 그리고 여러 번 돈을 꾸어주기도 했다. 20여 년 전쯤 어머니가 위태해서 병원비가 없어서 그런다며 무려 200만 원이라는 큰돈을 꾸어달라는 시인이 있었다. 그때 나는 ≪스토리문학≫ 창간 초기라 너무나 어려운 실정이었음에도 그 돈을 선뜻 꾸어주었다. 그리고 지금껏 갚으라는 말을 하지 않고 있다. 내가 판단한 그 시인은 남의 돈을 안 갚을 그런 사람이 아니었기 때문이다. 그리고 나는 지금도 그를 믿는다. 돈을 받고 싶은 마음보다 그 사람이 스스로 딛고 일어서 재기하여 당당히 한세상을 다시 한번 힘차게 살아주기를 진심으로 바란다. 아이린 우 시인도 나와 같은 마음이었을 것 같다. "나를 마주치면 민망하고 불편할까 봐 / 되돌아서 나오는 길"목에 있는 아이린 우 시인의 마음을 헤아려본다. 지금 아이린 우 시인의 경제적 상황은 그 돈을 못 받아도 살만한 상황이실 것 같다. 그리고 그런 여유로운 마음이 미국 애리조나의 한국인 이민사회에서 아이린 우 시인을 애리조나문인협회 회장으로 추대하신 게 아닌가 하고 생각해 보니 존경의 마음이 든다.

(전략)
오늘은 넉넉한 마음으로 이웃을 돌아보자
괜히 사랑하고 싶고
이해하고 싶은 마음이 일지 않는가

같은 제목 아래 동감하고 뭉치고 아파하면서
위기에는 더욱더 강해지는 백의의 민족
월드컵 붉은 함성이
"대 - 한 - 민 - 국!"을 목이 터지게 외치던 날
꾸역꾸역 넘어오는 울음을 한사코 삼켰던 감동!

우리는 하나 한 · 국 · 인

뜻을 모아 새천년을 예비하리라
겸손히 옷깃 여미고
선조님들이 다진 100년 역사 위에
새천년의 꿈을 피우리라
오늘은 화목하리라

* 2003년 4월에 하와이 이민 100주년을 기념하면서

-「옷깃을 여미고」 부분

아이린 우 시인은 처음에 미국으로 이민 갔을 때 LA로 갔다. 그리고 하와이를 거쳐 본토 애리조나로 이주했다. 그러니까 이 시는 꼭 20년 전인 2003년에 그녀가 하와이에 살 때 쓴 시다. 그렇다면 적어도 아이린 우 시인의 시력(詩歷)은 20년이 훌쩍 넘는 세월을 지냈다고 봐야 한다. 그러니까 시가 이렇게 탄탄하고 좋은 현대시를 써낼 수 있는 것이다. 외국에 나가면 모두 애국자가 된다는 말이 있다. 고향 까마귀만 봐도 반갑다는 말이 있다. 고국이 얼마나 그리우면 그런 말이 생겨났을까? 2002년 월드컵 당시 대한민국은 그야말로 열광의 도가니 그 자체였던 것 같다. 등에 태극기를 두르고 얼굴에는 태극 모양의 페이스페인팅을 하고 응원하던 젊은이들이 생각난다. 우리 딸아이도 그런 모양을 하고 들어와서 행복감, 소위 말하는 국뽕에 차올랐던 기억이 지금도 눈에 선하다. 당시 8강전을 치르던 날엔 친구의 아버지가 돌아가신 6월의 어느 날이었는데, 초상집에서 TV를 밖에 내놓고 문상객들이 모두 TV를 시청하던 중 우리나라 선수가 골인을 넣었다. 그 순간 초상집은 그야말로 잔칫집으로 변했다. 상제와 문상객들이 서로를 부둥켜안고 껑충껑충 뛰며, 춤을 추던 영상은 지금도 지워지지 않는 영화의 한 장면이었던 것 같다. 우리나라 사람들이 해외로 이민을 가는 이유는 다양하다. 지긋지긋한 가난을 면해보려고, 아이들 공부를 잘 시키려고, 한국의 정치상황이 너무나 역겨워서, 자유를 찾아서, 유학 갔다가 그 자리에 눌러앉아서, 외국 현장근무를 하다가 등 저마다 이유를 가지고 이민을 떠난다. 그러나 그 사람들은 모두 외국에 살면서 한국을 그리워하고 고국에서 IMF가 생기거나 월드컵이 개최하는 등 무슨 일이 있을 때 성금을 내고 마음으로 기도하며 애국자가 된다. 하와이 이민 1세대들은 정말 너무너무 고생을 많이 한 세대다. 그 뜨거운 열대의 나라에서 사탕수수밭에서 일해 받은 돈을 이승만, 김구 등이 활약한 대한민국의 독립자금, 개국자금 등으로 후원했다고 하니 하와이 이민 100년사라는 말에 가슴이 뭉클하다. 지금은 고인이 되었을 하와이 이민 1세대분들에게 이 자리를 빌어 삼가 고인의 명복을 빌며 박수를 보내드린다.

뼈 빠지는 노동은 아니더라도
여인네에게 주어진 하루 농사일과
집안일이 쉽지 않았던 시절이 있었다

마루에 걸터앉은 채 떡이 된 식은 보리밥을 물에 말아
열무김치 한 가닥 얹어 먹으면 꿀맛이던 새참
허리도 펼새 없이 소쿠리 들고 서둘러 밭으로 나간다

아침 새참 점심 저녁 밤참
하루 다섯 번 음식상을 차리면서도 틈틈이
빨래하고 청소하고 농사일을 도왔다

피곤한 새댁이 아기에게 젖을 물린 채
잠깐 조는 것은 그나마 힘이다

메주를 쑤고 띄우고 장을 담그고
김장을 하고 겨울 밑반찬 거리를 마련하고
그냥 먹고 사는 일상 자체가 동동걸음이었다

힘든 하루 일을 끝내고 밤이 되면
다 같이 둘러앉아 이야기꽃을 피운다

할머니가 새댁 시절에 도랑에서 참깨를 씻는데
위로 뜨는 것은 쭉정이인 줄 알고 다 떠내려 보내고 나니
깨가 한 줌도 안 되게 남아 황당해서 울었다는 이야기가
그리도 재미있어 웃어대면 그날의 피로가 다 날아가 버리던
소박한 옛 여인네들의 삶

다시 돌아본 가슴 먹먹해지는
그 시절 우리 어머니들의 이야기

- 「가슴 먹먹해지는 이야기」 전문

나는 너무도 일찍 어머니를 여의었다. 우리 어머니는 가난을 이기지 못해 결국 돌아가셨다. 아이린 우 시인이 위에서 열거하신 모든 사연들이 우리 어머니에게 해당되는 삶이었다. 언젠가 우리 집에 모를 내는 날의 일이다. 두레를 통해 온 일꾼만 66명, 못줄잡이 어른 두 명, 못심부름꾼 나와 동생, 아버지, 게다가 대민지원을 나온 군인들 10여 명 등 무려 100여 명의 일꾼에다 그 일꾼들의 자녀까지 밥을 먹으러 오는 모내기 날은 어머니의 등골이 빠지고 허리

가 휘어지는 날이었다. 아궁이에 불을 때서 밥을 해 먹던 시절 150여 명의 입에 곡기를 넣어준다는 일은 결코 쉬운 일이 아니었다. 푸성귀를 큰 목욕 고무다라로 하나씩 무쳐도 모자라는 실정이었고 밥은 가마솥으로 두 개씩 해야 했던 시절이었다. 대농이 아니라 소농이었음에도 그리 많은 사람들을 먹이던 시절이 있었다. 틈틈이 나무도 해야 하고, 봄이면 산나물도 뜯어야 하고, 망촛대나 명아주, 고춧잎이며 피마자 잎 등 묵나물도 말려야 하고, 장려소를 먹이기 위해 풀도 베어와야 하고, 게다가 돼지 먹일 이웃집의 뜨물도 걷어와야 하는 어머니의 삶이란 얼마나 많은 동동거림으로 이루어진 삶이었으랴. 소박하다는 말은 단순히 '단출하다'거나 '보잘 것 없다'는 말로는 형용되지 못한다. 국어사전에서 소박하다는 말을 찾아보니 "꾸밈이나 거짓이 없이 수수하다."라고 나와 있다. 말 그대로 우리네 어머니의 삶이란 꾸밈이나 거짓 없는 육체노동의 삶이었다. 그런 중에도 우리를 길러내시며, 인간적인 따스함으로 무장했던 어머니! 어머니는 우리 시인에게 가장 심오한 주제요, 영원불멸의 소재이며, 돌아가야 할 고향이다. 어머니는 정말 가슴이 먹먹해지는 가장 소중한 이야기다.

내년 봄에는 둘이서 손잡고
서해안을 두루 돌아서
남쪽 바다 이름 모를 섬에 들려
한 이틀쯤 허름한 여관에 묵으면서
당신 좋아하시는 서대회며 꼬막무침도 맛보고

아, 여수 오동도를 꼭 가야지
백일도 안된 큰아이 포대기에 싸안고 먹었던
게불이랑 해삼 멍게 지금 먹어도 맛있을 거야

동백이 활짝 펴서 뚝뚝 떨어진
오솔길에서 그때처럼 모자에
빨간 꽃을 가득 주워 와야겠다

낯선 거리면 어떤가
둘이서 손잡고 찻집에서 차도 한 잔 마시고
동해에서는 아침 일찍 뜨는 해 보며
힘들었어도 같이 있어 행복했던 날들을 감사해야지

잠시 풍류객 되어 시도 한 수 읊고
피아노가 있는 카페에선 '열애'를 한번 불러주세요

노은에 들러 고향 집에서 지난 얘기 나누며
잠시 쉬도록 합시다

지금도 역마차 다방이랑 명동성당 언덕길이 그대로일까요
둘이서 손잡고 꼭 한 번 다시 걸어봅시다
"딱 이만큼만 허락하소서"
누가 시간 파는 상점을 아시냐구요

-「시간을 파는 상점」 전문

시간을 파는 상점은 어떤 상점일까? 건강식품을 파는 상점일까? 건강식품이란 늙지 않는 식품이 들어있는 것이 아니라, 늙는 것을 저지해주는 식품이 들어있을 것 같다. 그럼 성형외과는 시간을 파는 상점일까? 눈 밑에 늘어진 다크서클을 수술로 잘라내고, 이마를 당겨 주름을 없애면 사람은 한결 젊어 보인다. 성형외과는 어쩌면 시간을 파는 상점 같이 보인다. 그러나 그 내면에 든 늙은 목소리와 점점 느릿느릿해져 가는 행동은 성형으로 고칠 수가 없다. 같은 맥락에서 볼 때 화장품 가게도 더 이상 시간을 파는 상점은 아닐 것 같다. 아무리 파운데이션으로 가린다고 할지라도, 아무리 피부미용에 좋은 팩을 하고 달팽이크림이나 마유(馬乳)크림을 바른다고 할지라도 건강한 피부가 어느 정도 유지될 수는 있겠지만 회춘을 할 수는 없다. 그럼 건강원은 시간을 파는 상점일까? 아무리 흑염소나 인삼을 달여먹는다고 할지라도 그것은 양기 빠진 건강을 보양할 뿐, 회춘의 방법은 되지 못한다. 옛날 대갓집 마님들은 돈을 주고 웃방아기를 들였다고 한다. 젊은 사람을 보고 사는 것만으로도 회춘이 되었다고는 하나, 그것은 가진자들의 추태요, 죽음을 앞둔 늙은이들의 마지막 발악으로밖에 보이지 않는다. 그래서 일찍이 진시황은 불로초를 구해오라고 신하들에게 서슬 퍼런 명령을 내렸다. 세상 모든 사람들은 늙고 싶지 않고, 죽고 싶지 않으나 방법은 없다. 죽지 않는 방법이 단 하나 있다. 아이린 우 시인처럼 시집을 내는 것이다. 시집이 곧 시간을 파는 상점이다. 시집 속에는 어머니도 여전히 살아계시고, 고향마을에 있던 당산나무도 여전히 푸르고, 어릴 적 동무들도 나이를 먹지 않고 그 속에 산다. 뒷산에 진달래는 여전히 붉고, 뻐꾸기는 여전히 하릴없이 울어댄다. 아이린 우 시인은 이 시집을 출간함으로써 '시간을 파는 상점'의 주인이 되시는 것이다.

당신을 보내드릴 마음의 준비가 안 됐습니다
시집이 출간되면 제 가방을 들어주신다고 했잖아요

시인은 돈이 없으니
작곡한 노래들을 발표해서 히트하면
난쟁이 버섯 집을 예쁘게 지어서
선물한다고 약속했잖아요

두 약속 다 지키고 가십시오
아직은 당신 도움이 많이 필요합니다
평생 울타리를 치셔서 밖이 서툰 저입니다

이 길인지 저 길인지 구분해 주셔야죠
무책임하게 그냥 떠나시면 두고두고 원망할 겁니다

그러니 아직은 떠나지 마세요
아직은 아닙니다

-「제 가방을 들어주신다고 했잖아요」 전문

평생 함께 살아온 배우자가 떠나게 되면 어떤 심정일까? 누구든 한 번 왔다가 가는 것이 순리라고 하지만, 나약한 인간은 홀로 살 수 없어 부부란 언약을 맺고 가정을 이룬다. 그리고 평생 양보하고 보호하며, 사랑의 거리에서 함께 살아간다. 그런 부부의 삶에 있어 한 사람이 먼저 죽는다는 것은 남은 사람에게는 정말 고통스러운, 견디기 힘든 일일 것이다. 그것이 젊은 날에 있었다면 더욱 어려울 것 같다. 아버지는 40대 초반의 나이에 일찍 어머니가 돌아가셨을 때, 자주 산소에 가서 울다 돌아오시곤 하던 생각이 난다. 이 시에서 아이린 우 시인의 남편인 우재길 작곡가께서 먼저 세상을 떠나려 하시나 보다. 그러니 아직은 아니라고, 아직 시집도 안 나왔는데, 아이린 우의 시집이 나오면 이곳저곳에 시집을 나눠주며 자랑하러 다닐 때 시집이 가득 든 가방을 들어주신다고 했는데, 먼저 훌쩍 저세상으로 떠나셨다는 것은 아이린 우 시인에게 얼마나 힘든 일인지 가늠이 된다. 요즘이야 하도 이혼이 밥 먹듯 쉽게 일어나는 사회가 되었지만, 그래도 우리 성현들은 조강지처라는 말로 좁쌀 술지게미를 나누어 먹던 처를 버리거나 핍박하면 안 된다고 가르쳤다. 그만큼 힘들 때 함께 살아온 부부는 서로 존중해주고 위해주어야 한다는 것을 가르쳐준 말이다. 부부는 서로 존중해야 한다. 어느 누가 더 배우고 덜 배우고, 부자고 가난하고, 친정 시댁의 부모님이 살아계시고 돌아계시고의 문제가 아니라, 한 번 부부의 연으로 맺어지면 비가 오나 눈이 오나 슬플 때나 행복할 때나 변함없이 손잡아주고 위로해주면서 살아야 한다. 나는 아이린 우 시인 부부께서 그리 살아오셨을 것을 안다. 그리고 그중 한 분이 먼저 세상을 떠나려 하시니, '아직은 아니에요'란 말밖에 할 수가 없는 것이다.

이상에서처럼 아이린 우 시인의 시 몇 수를 읽어보면서 그녀의 마음세계를 여행해보았다. 아이린 우 시인이 개업하는 시간을 파는 상점 『가방을 들어주신다고 했잖아요』에는 갖가지 물건들이 진열되어 있었다. 그녀의 상점에 진열된 상품들은 모두 하나 같이 마음 근육을 키울 만한 상품들이었다. 가족이라는 상품은 신선초, 치커리 같은 그로서리처럼 싱그러웠고, 삶이라는 상품은 마음의 곳간을 채우고 이웃과도 나눌 수 있을 만큼 정신적 부유를 유지하는 상품이었으며, 향수(鄕愁)란 상품은 그녀가 평생 틈틈이 모아둔 상품으로 이제 그녀가 개업한 시간을 파는 상점을 통해 이 책의 독자들은 고국, 추억, 친구, 어머니, 뒷동산, 소꿉놀이 같은 엔틱 상품들을 구매해 갈 것이다. 첫시집 상재를 진심으로 축하드린다.

아이린 우 시집

가방을 들어주신다고 했잖아요

초판발행일 2023년 4월 20일

지은이 : 아이린 우
펴낸곳 : 도서출판 문학공원
발행인 : 김순진
편집장 : 전하라
디자인 : 김초롱
등 록 : 2004년 3월 9일 제6-706호
주 소 : (우편번호 03382)서울 은평구 통일로 633
녹번오피스텔 501동 302호 스토리문학사
전 화 : 02-2234-1666
팩 스 : 02-2236-1666
홈페이지 : http://www.munhakpark.com
이메일 : 4615562@hanmail.net